COLEÇÃO ENSAIOS TRANSVERSAIS

Cidadania e Educação

Escrituras Editora e Distribuidora de Livros Ltda.
Rua Maestro Callia, 123 Vila Mariana 04012-100
São Paulo, SP – Telefax: (11) 5082-4190
e-mail: escrituras@escrituras.com.br
site: www.escrituras.com.br

Coordenação editorial
Raimundo Gadelha

Editoração eletrônica
Christiano Cinquini

Capa e abertura de capítulos
esculturas de Auguste Rodin

Fotolito
Binhos

Impressão
Bartira Gráfica

Dados Internacionais de Catalogação na Publicação (CIP)
(Câmara Brasileira do Livro, SP, Brasil)

Machado, Nílson José, 1947 -
Cidadania e Educação / Nílson José Machado. – 4ª ed. – São Paulo: Escrituras Editora, 2002. – (Coleção Ensaios Transversais)

ISBN 85-86303-10-0

Bibliografia.

1. Cidadania 2. Educação - Filosofia 3. Política e educação I. Título. II. Série.

02-5580 CDD- 379.201

Índices para catálogo sistemático:

1. Cidadania e educação 379.201
2. Educação e política 379.201
3. Política: Influência na educação 379.201

Impresso no Brasil
Printed in Brazil

Nílson José Machado

COLEÇÃO ENSAIOS
TRANSVERSAIS

Cidadania e Educação

4ª edição

São Paulo, 2002

Índice

Apresentação

A idéia de cidadania encontra-se no cerne do discurso educacional, em seus documentos oficiais, nos textos legais, havendo um razoável consenso no que se refere ao fato de que a educação deve visar à formação do cidadão. Tal consenso, no entanto, revela-se ilusório, no mais positivo dos sentidos da palavra "ilusão". De fato, ao mesmo tempo em que ninguém se orgulha de estar "desiludido", todos queremos ir além das ilusões. Em outras palavras, é necessário preencher o espaço entre o discurso e a ação, semeando projetos, que visem efetivamente à construção da cidadania através da educação.

Os textos que compõem esta coletânea procuram oferecer alguns subsídios para tal construção. Foram escritos entre 1994 e 1997, período em que participamos do Programa Mobilizador Educação para a Cidadania, do Instituto de Estudos Avançados da Universidade de São Paulo, coordenado pelo professor Alfredo Bosi, e da Cátedra USP/UNESCO de Educação para a Democracia, a Paz, os Direitos Humanos e a Tolerância, coordenada pelo professor José Mário Pires Azanha. Naturalmente, o presente registro pretende apenas fazer justiça às imensas oportunidades de aprendizado que nos foram possibilitadas pela convivência com mestres deste porte. Ainda que possam ocorrer concordâncias, aqui ou ali, seria uma pretensão extrema de nossa parte sugerir qualquer comprometimento dos referidos mestres com as idéias aqui alinhavadas, pelas quais assumimos inteira responsabilidade, "na alegria ou na tristeza".

Cada um dos textos foi redigido independentemente, sempre para uma atividade específica: uma conferência, um seminário, um congresso etc. Em decorrência, algumas das idéias apresentadas são reiteradas diversas vezes, em diferentes ensaios. Por acreditar na relevância de tais idéias, e sobretudo para preservar a possibilidade de uma leitura independente dos textos, em qualquer ordem, optamos por não eliminar tais reiterações, mantendo a forma em que os trabalhos foram originalmente apresentados.

Em diversas ocasiões, tivemos que providenciar cópias de alguns dos textos aqui reunidos, para a utilização de companheiros da Universidade, professores, ou alunos, tanto da graduação quanto dos cursos de pós-graduação, bem como de colegas externos à Universidade. Nossa expectativa, ao organizar a presente coletânea, é facilitar o acesso aos mesmos, para que possam atingir um público mais amplo. Os eventuais debates que vierem a deflagrar, as críticas ou as sugestões que puderem receber, são a principal justificativa de trazê-los a lume nesta nova forma.

1

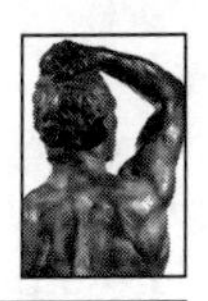

O futuro do trabalho e a educação

(Notas brevíssimas para uma História das Relações entre o Mundo do Conhecimento e o Mundo do Trabalho)

Introdução

As relações entre o mundo do conhecimento e o mundo do trabalho nem sempre apresentaram as mesmas características, em diferentes épocas ou culturas, oscilando entre uma contraposição frontal, como a sugerida no texto bíblico; uma separação radical, como a que predominou no mundo grego; uma subordinação relativa do trabalho ao conhecimento, como a correspondente ao período da Revolução Industrial; ou uma integração quase absoluta, como a que se afirma existir nos dias atuais.

Simbolicamente, o trabalho surge na Bíblia justamente como uma punição ao primeiro casal pelo fato de não terem sido suficientemente bem-educados, violando a proibição estabelecida pelo Senhor sobre o alimentar-se dos frutos da árvore do conhecimento. A partir da sedução da serpente, Adão foi condenado a fatigar-se para obter da terra o sustento que lhe era livremente concedido no jardim do Éden; o princípio bíblico "No suor do rosto comerás o teu pão" (Gênesis, 3.19) traduz a identificação entre o trabalho e o castigo a que o homem fora condenado. Indiretamente, tal associação pode estar associada a todas as tentativas de legitimação dos diversos tipos de escravidão, ao longo da História. Os gregos, por exemplo, através de Xenofonte, caracterizavam o trabalho como "o doloroso preço que os deuses cobram pelos bens da vida". Este emblema permanece inteiramente compatível com concepções históricas posteriores, como no calvinismo, onde a dedicação ao trabalho, embora transmutada de "castigo" em "vocação", era considerada um cumprimento da vontade onipotente de Deus, que para tal destinara o homem.

Na Grécia e em Roma enraízam-se também algumas outras características que marcaram mais profundamente o significado do trabalho ao longo do tempo, e que hoje constituem obstáculos a serem superados para a emergência de uma concepção. Exemplos disso são as distinções nítidas entre o trabalho e o lazer, entre uma classe ociosa e uma classe trabalhadora (os escravos de então), bem como a associação direta entre a remuneração por uma tarefa e a satisfação das necessidades básicas de natureza física; o salário representava, então, o dinheiro para comprar sal e víveres. Em tais cenários, ao ócio improdutivo de certas classes, pretensamente um ócio com dignidade, e ao livre prazer da criação reservado aos artistas, associava-se simbioticamente o trabalho escravo, bem como a natureza contingente das atividades dos artesãos.

No período correspondente ao mundo grego e ao império romano, havia uma distinção nítida entre os universos do conhecimento e do trabalho. Na Grécia, o trabalho escravo e o do artesão situavam-se fora dos limites da *bíos*, da vida propriamente considerada. Mesmo entre pensadores onde a *techné* ocupou um lugar de certo destaque, ela constituía algo muito distinto do *lógos*, ou da *epistemé*, não apresentando uma dignidade minimamente comparável com a correspondente às tarefas do homem como um animal político. A técnica e o trabalho não requeriam estudo nem significavam conhecimento; este, por sua vez, tinha uma natureza "prática" muito distinta da dos dias atuais, não estando associado, por exemplo, à formação profissional.

De modo geral, em quase todas as culturas, duas das raízes mais fundas das concepções de conhecimento são o *conhecimento como auto-conhecimento* e *conhecimento como saber o que dizer e como.* No Ocidente como no Oriente, tais raízes encontram-se presentes. No Ocidente, encontra-se em Platão a idéia de conhecer como reconhecer (*anamnese*), explicitada através de Sócrates com a fórmula clássica *conhece-te a ti mesmo* (*nosce te ipsum*). No Oriente, o conhecimento como auto-conhecimento é uma característica marcante do Taoísmo. Quanto ao conhecimento como saber falar adequadamente, na tradição grega, Protágoras é um representante típico, com a constituição do *Trivium* (Lógica, Gramática, Retórica), que, juntamente com o *Quadrivium* (Aritmética, Geometria, Música, Astronomia), serviu de base para a organização escolar no Ocidente durante séculos. No Oriente, Confúcio é o representante mais insigne de tal vertente, sendo célebres suas prescrições sobre a precisão na utilização das palavras como condição de possibilidade para o conhecimento, para a produção de todas as obras.

É interessante notar que, numa sociedade como a grega, onde a oralidade ocupava um lugar de grande destaque, remanescendo certas desconfianças em relação à escrita, as matérias do *Trivium,* diretamente associadas à língua grega, significavam uma preparação para a vida prática, enquanto as do *Quadrivium,* todas diretamente relacionadas com a matemática, caracterizavam-se como uma ginástica mental, uma preparação do espírito. Posteriormente, após o Renascimento, uma espécie de *Quadrivium* ampliado passou a ser considerado uma formação para a prática, enquanto a arte do "saber dizer e como" passou a ser considerada como uma formação do espírito, aproximando-se mais do estatuto de verniz ou ornamento. Tal inversão de papéis entre a língua e a matemática na formação teórico/prática encontra-se diretamente associada à perda do caráter hegemônico da língua grega, chamando-se a atenção para a universalidade da matemática, que passou inclusive a ocupar o lugar do latim como linguagem da ciência.

Conhecimento, censo, ciência

Do ponto de vista social, em grande medida, a história do conhecimento deriva da história dos censos. Originariamente, as atenções voltavam-se para os dados, para as informações, sendo outros níveis de organização dos mesmos naturalmente incipientes. Em 1427, houve um importante censo em Florença. No século XVII, na França, Colbert, Primeiro Ministro de Luís XIV, promoveu um censo de árvores, tendo em vista o dimensionamento da matéria-prima disponível para a fabricação de navios. Recenseamento e conhecimento situavam-se mais proximamente, então.

Mesmo um pouco após a queda do Império Romano do Ocidente (Séculos IV-V)), até por volta do ano 1000, a Igreja tinha o predomínio sobre as informações, sobre a circulação do conhecimento. A censura era a regra, a inquisição era uma instituição regular e, sobretudo após o advento da imprensa, o *Index Librorum Prohibitorum* tornou-se famoso. Até por volta da metade do século XVI, quando foi realizado o Concílio de Trento, Roma era o centro mundial da informação.

Com o fim da Idade Média, a partir do século XV, começou a disseminar-se a venda de segredos artesanais. A invenção da Imprensa (tipos móveis), por volta de 1450, facilitou a venda de informações. Nesse período, em Florença, tornou-se comum o pagamento de direitos de invenção. No século XVI, Veneza era o centro editorial do mundo. Tinha cerca de 200 mil habitantes e estima-se que cerca de 2 milhões de livros. A figura do polígrafo - ou do escritor/copiador profissional - começa a despontar. O plágio torna-se mais freqüente - ou pelo menos aumentam as reclamações - e são instituídos, paulatinamente, os direitos de editor.

Depois de 1550, aos poucos, Veneza perdeu a influência no mercado de informações. Uma razão para essa perda pode ter sido a influência da censura, com a ação da Inquisição, e o interrogatório de editores, favorecidos pela proximidade de Roma. Outra razão foi a descoberta do Novo Mundo, que, se a curto prazo significou novos mercados para Veneza, a médio e longo prazos favoreceu outras cidades mais bem situadas tendo em vista o novo comércio entre a Europa e a América.

No século XVII, a Holanda torna-se o novo centro editorial do mundo. Em Amsterdam, surgem edições acadêmicas sob a forma de livros de bolso, como os produzidos pela família Elzevir. Existem cerca de 270 livrarias, algumas com filiais em várias outras localidades. O pagamento de direitos editoriais é generalizado, o de direitos autorais é incipiente, porém crescente, e o mercado de informações é bastante ativo. Trata-se de um século crucial na transformação de informação em mercadoria, o que iria consolidar-se apenas no século XVIII.

Do ponto de vista do conhecimento científico, o século XVII pode ser caracterizado como um período de efervescência das Academias, freqüentadas por gênios como Newton; já o século XVIII, é um período onde se destacam os homens práticos, os inventores, como Watt, da máquina à vapor (1769). Com a Revolução Industrial, iniciaram-se transformações substantivas, do ponto de vista social e sobretudo do econômico, que se desenvolverão ao longo de todo o século XIX. Nesse período, ocorrem importantes modificações no significado do trabalho, e em suas relações com o mundo do conhecimento.

Uma característica importante da Revolução Industrial, que a distingue significativamente das concepções gregas, é a aproximação decisiva entre o mundo do conhecimento e o do trabalho, da *techné* e do *logos*. O conhecimento, então, passa a ser aplicado ao trabalho, emergindo daí a palavra *tecnologia* com um significado próximo do atual. É nesse período que a elaboração de enciclopédias passa a constituir um empreendimento intelectual importante. A *Encyclopédie*, organizada na França por D'Alembert e Diderot (1751), constitui um exemplo célebre. Nela, encontram-se registrados os conhecimentos necessários para o desempenho das diversas profissões reconhecidas na época. Também na Grã-Bretanha, um pouco antes, surgiram trabalhos que visavam à aproximação entre o saber acadêmico e o saber técnico, como o *Harris Lexicon Technicum (1704)*. De um modo geral, uma enciclopédia tem, na época, o significado de um empreendimento onde a matéria-prima é a informação, onde o conhecimento é tratado como mercadoria, sobre a qual se exerce o direito de propriedade.

Paralelamente, entre 1750 e 1850, surgem as primeiras escolas superiores de formação profissional:

- em 1747, a primeira escola de engenharia, em Paris;
- em 1770, a primeira escola de agricultura, na Alemanha;
- em 1776, a primeira escola de mineração, na Alemanha;
- em 1794, a École Polytechnique, uma espécie de universidade técnica, na França;
- entre 1820 e 1850, as primeiras escolas de medicina.

Note-se aqui o fato de as escolas de medicina surgirem em último lugar: a formação do médico manteve-se o quanto pode similar à formação do artesão.

No período compreendido entre a citada Revolução Industrial e meados do século XX, a organização social e econômica corresponde ao que se convencionou chamar de Sociedade Industrial. O capitalismo mercantil dos séculos XV, XVI e XVII transmuta-se paulatinamente no capitalismo industrial que irá predominar no século XIX e na primeira metade do século XX. A pretensão maior é a de colocar o conhecimento a serviço do trabalho no sentido industrial e inúmeros desvios podem ser registrados. Entre eles, deve situar-se uma fragmentação excessiva das tarefas, tendo em vista uma organização supostamente científica das ações, mas que conduzia freqüentemente a uma alienação insuportável. Ressalte-se ainda que, nesse período, os fatores de produção realmente significativos eram a matéria-prima, a terra, a mão de obra, e apenas subsidiariamente, o conhecimento.

Por volta de 1950, com a invenção dos computadores eletrônicos, um novo período começou a delinear-se, no que se refere às relações entre o mundo do conhecimento e o mundo do trabalho. Com a emergência das novas tecnologias informacionais, o conhecimento passou a ocupar o centro das atenções, tornando-se o principal fator de produção. Não se trata mais de aplicar o conhecimento ao trabalho, mas de uma quase total identificação entre o mundo do conhecimento e o mundo do trabalho. Na verdade, o conhecimento passa a ser aplicado ao conhecimento; aprender a aprender é o que importa, e as novas ciências que ocupam cada vez mais espaço são a Neurociência, a Psicologia Cognitiva, a Inteligência Artificial, englobadas, muitas vezes, no rótulo geral de Ciências Cognitivas.

Esse novo período tem sido chamado de Pós-Industrial. Muitas transformações estruturais encontram-se em curso, na economia e na sociedade, em grande parte associadas à utilização crescente de novas tecnologias nos setores produtivos, com o crescimento relativo do setor de serviços e a diminuição progressiva dos setores agrícola e industrial. A transformação mais marcante, sem dúvida, é a emergência do conhecimento como o principal fator de produção.

Para ilustrar esse fato, alguns dados quantitativos podem ser esclarecedores. Na produção de uma frigideira, por exemplo, por mais sofisticado que seja seu *design* ou seu revestimento, o custo da matéria-prima ainda corresponde a cerca de 60% do custo total; em um automóvel, mesmo em uma fábrica japonesa inteiramente automatizada, a matéria-prima ainda corresponde a cerca de 40% do custo, sendo a mão-de-obra responsável por 20 a 25% do custo; na produção de um *chip,* no entanto, a porcentagem do custo referente à matéria-prima oscila entre 1 e 3%, sendo a parte relativa à mão-de-obra mais ou menos de 12% e a correspondente à ciência, ou ao investimento em conhecimento, responsavel por cerca de 70% do custo total.

Esse crescimento na importância relativa do conhecimento como fator de produção, essa crescente identificação do mundo do conhecimento com o mundo do trabalho têm conduzido a transformações no significado do trabalho para as quais os educadores, nos diversos níveis de escolarização e nos diversos espaços do conhecimento ainda não parecem ter dedicado suficiente atenção. Um sintoma dessa falta de sintonia, no caso do ensino superior, pode ser observado na crise mundial do desemprego estrutural.

O desemprego

No que se refere ao desemprego, a presença constante na *mídia* impressa ou eletrônica de números indicadores de uma situação de crise no mercado de trabalho tem conduzido muito mais a uma diminuição na quantidade de informação que eles veiculam do que a uma efetiva conscientização sobre as dimensões ou as características do problema que representam. Dizer-se que cerca de 30% da população economicamente ativa do planeta encontra-se desempregada ou subempregada (dados da OIT) ou alinhar-se índices de desemprego que oscilam há vários anos entre 10 e 12% em quase toda a Europa, atingindo cerca de 24% dos trabalhadores espanhóis, assim como 4 milhões de franceses, ou ainda cerca de 1 milhão de trabalhadores da região metropolitana de São Paulo, não produz mais do que uma sensação de conformismo ou desconforto

Há algum tempo, a expectativa de um caráter transitório ou cíclico de tal crise esvaiu-se completamente, consolidando-se o reconhecimento de sua natureza estrutural. Isto significa que as transformações estruturais na economia, com a utilização crescente de novas tecnologias nos setores produtivos, com o crescimento do setor de serviços e a diminuição relativa dos setores agrícola e industrial, tendem a diminuir a oferta global de empregos, compreendidos enquanto "pacotes" de atividades remuneradas no cenário das sociedades industriais.

De fato, nos EUA, entre 1973 e 1985, a produção industrial aumentou em aproximadamente 40%, enquanto o emprego industrial diminuiu em números absolutos em cerca de 5 milhões; ressalte-se que, globalmente, houve um aumento no número de empregos, que passou de cerca de 82 milhões a algo em torno de 110 milhões, no mesmo período. Reduções semelhantes ocorreram em praticamente todos os países desenvolvidos (Drucker, 1993). Em São Paulo, por exemplo, em cada um dos nove primeiros meses de 1994, a produção industrial cresceu cerca de 9 a 10% em relação ao mês correspondente no ano anterior, enquanto o nível de emprego diminuiu cerca de 3,3% em cada mês. No que se refere ao setor agrícola, se na década de 20, nos EUA, praticamente 1/3 da população dedicava-se à agricultura, cuja participação no Produto Interno Bruto era de cerca de 25%, hoje, em quase todos os países desenvolvidos, o referido setor é responsável por apenas 3 a

10% da força de trabalho, não envolvendo mais do que 5% da população americana e representando uma fração do PIB ainda menor. De modo análogo, existem estimativas de que, em uma ou duas décadas, a participação do trabalho industrial no conjunto da força de trabalho também não deverá ultrapassar em muito o nível de 10%.

De modo geral, as análises e os diagnósticos referentes ao crescimento do desemprego estrutural costumam ser excessivamente fragmentárias, contemplando separadamente aspectos econômicos, políticos, sociológicos, psicológicos, entre outros, o que contribui para a elaboração teórica do tema mas pode dificultar a instrumentação das ações práticas correspondentes. Muitas vezes, as análises chegam a parecer contraditórias, na medida em que, por exemplo, focalizam leis surgidas para garantir o funcionamento do mercado de trabalho e que terminam por manietá-lo. Existem também análises que associam o desemprego à falta de uma formação escolar mais intensa enquanto outras registram a ocorrência de um fenômeno como o excesso de educação, ou a "supereducação" (Carnoy & Levin, 1993) na lista de fatores que poderiam favorecer a perda do emprego.

Desemprego e educação

Em todas as análises sobre a crise do desemprego, no entanto, de uma forma ou de outra, a componente educacional sobressai. Quer o foco das atenções esteja na necessidade de uma formação para o trabalho, quer esteja na construção e na irradiação progressiva de novas concepções sobre o trabalho e o lazer, quer esteja na germinação de novos projetos ou valores, a dimensão educacional da questão apresenta-se com nitidez.

No nível médio, por exemplo, a formação profissional parece ainda mais comprometida com o significado do trabalho no cenário industrial. A contraposição de uma formação técnica a uma formação geral, a especialização precoce em vez da alimentação contínua de múltiplos centros de interesse, e sobretudo o encurtamento do período escolar, em vez de um alongamento do mesmo ao infinito, na perspectiva de uma educação permanente parecem condenar o elogio do ensino técnico a andar na contramão das transformações em curso.

Também nas escolas de educação básica, os paradigmas cartesianos de decomposição e encadeamento de tarefas, diretamente associados a padrões organizacionais que privilegiam idéias como as de hierarquia, pré-requisitos e seriações, estão a reclamar concepções alternativas consentâneas às transformações no significado e às imbricações do conhecimento e do trabalho.

No caso do ensino superior, no entanto, a falta de sintonia entre as transformações paradigmáticas em curso no mundo do trabalho e a forma de organização das escolas de formação profissional é ainda mais notável, não representando a crise do desemprego mais do que a ponta de um gigantesco iceberg. Na verdade, no universo de possibilidades para as ações humanas, não parece faltar o que fazer; faltam, isto sim, "pacotes" de ocupações remuneradas compatíveis com as aspirações dos indivíduos e aceitáveis pela legislação trabalhista em vigor.

A dimensão educacional da crise do desemprego parece, então uma componente fundamental para um equacionamento adequado das novas questões que se apresentam. Explorá-la com pertinácia é uma tarefa que se impõe aos educadores em geral, podendo tal empreendimento servir de base para uma maior integração das múltiplas análises que exploram sobretudo a dimensão econômica da crise, apenas tangenciando as questões educacionais envolvidas. A perspectiva educacional pode servir para ressaltar certos elementos nucleares tanto da crise quanto de certas propostas de superação da mesma, contribuindo para o estabelecimento de novos paradigmas para balizar a discussão. O fato de a educação constituir um fenômeno naturalmente transdisciplinar, sem dúvida, pode contribuir para isso.

Conhecimento/trabalho: paradoxos

Naturalmente, as transformações em curso conduzem também a situações novas, até então inexploradas, que carecem de uma análise mais detida, sem o que parecem conduzir a incontáveis paradoxos. O reconhecimento do conhecimento como principal fator de produção exige que sejam repensadas questões como a da sua "produção" ou da sua distribuição". Por mais sofisticada que seja a produção e a distribuição de bens materiais, a situação correlata no caso do conhecimento é muito mais complexa, apresentando facetas inteiramente novas.

Parece desconcertante, por exemplo, o fato de que o conhecimento é algo que se pode "transferir" para outrem, sem qualquer diminuição no "estoque" original. A economia industrial trabalha com hipóteses substancialmente distintas, onde a escassez de um bem provoca efeitos mais ou menos diretos de aumento em seu valor. No caso do conhecimento, o estímulo à circulação deveria estar associado à valorização do agente responsável pela mesma - o "professor" em sentido lato - e não à elevação do preço ou à sonegação da "mercadoria". A própria questão do "estoque" necessita de uma nova compreensão, uma vez que, muito mais nitidamente do que com as mercadorias em sentido amplo, no caso do conhecimento, a originalidade e a inovação são mais importantes do que o "volume".

Um outro aparente paradoxo em um cenário onde a matéria-prima é menos importante do que o conhecimento que lhe será agregado, onde o conhecimento é a verdadeira moeda forte, relaciona-se com a questão da fixação do valor de uma informação. Se, por exemplo, disponho-me a vender certa informação estratégica a alguém que dispõe dos meios materiais para transformá-la em produto comercializável, não posso oferecê-la explicitamente sem cedê-la graciosamente ao meu interlocutor; este, por sua vez, resistirá a confiar às cegas, ou a fixar o preço sem antes ver o "produto". O papel que os bancos desempenham no comércio exterior, na criação de mecanismos intermediários confiáveis ao exportador e ao importador, ainda está por ser vislumbrado no caso em que os "produtos" são conhecimentos, ou mesmo informações. A alternativa atual é a da confiança mútua, ou a da emergência de uma ética nos "negócios" com os novos produtos. Não parece apenas circunstancial o aparecimento de tantos livros sobre temas econômicos ou de administração, nos últimos cinco ou dez anos, abordando temas de natureza ética, ou mesmo ostentando a palavra "ética" em seus títulos. Um exemplo especialmente interessante, entre nós, é "Vícios privados, benefícios públicos?", de Eduardo Giannetti da Fonseca (São Paulo, Companhia das Letras, 1993).

Ainda a propósito do novo significado da circulação de informações e de conhecimentos, sobretudo os de natureza artística ou científica, uma nova e surpreendente visão relativa à questão dos direitos autorais, aparentemente mais consentânea com os novos tempos, é apresentada por Artur Matuck (1993) no artigo "Information and Intellectual Property", publicado na Revista LEONARDO (V. 26 N. 5, 1993, pp. 405-413). Baseando-se no fato de que o conceito de propriedade intelectual em ciência pode contradizer as bases epistemológicas da própria ciência, o autor propugna a livre circulação de idéias e informações, afirmando que "se o receptor do conhecimento científico é a comunidade mundial, as informações deveriam ser partilhadas de forma irrestrita, significativa, compreensível, verdadeira e operacional para um balanço dinâmico da sociedade humana". Trata-se, sem dúvida, de uma perspectiva utópica, ainda que filosoficamente bem fundamentada, com toda a conotação positiva que a palavra "utopia" pode sinalizar.

Muitas outras situações inusitadas estão associadas à quase identificação entre os universos do conhecimento e do trabalho, exigindo uma reflexão atenta da parte dos educadores. Pode-se conjecturar, mesmo, que todas as dificuldades decorreriam de uma impossibilidade radical na caracterização do conhecimento como uma mercadoria no sentido da sociedade industrial. Assim, se nos séculos XVII e XVIII consolidou-se a caraoterização da informação como mercadoria, se nos séculos XIX e XX (pelo menos até a primeira metade) o conhecimento consubstanciado em aparatos tecnológicos transformou-se também em mercadoria, é possível que tal transformação tenha sido em grande parte indevida, conduzindo aos impasses e dilemas com que deparamos atualmente, tanto no terreno econômico quanto os de cunho ético. É possível que a saída para os diversos "becos" esteja justamente no que alguns pensadores estão chamando de "*decommodification*" ("desmercadorização") do conhecimento e da inteligência.

Escolas/empresas: mão dupla

É importante registrar tais impasses e tais perspectivas, para que resulte claro o fato de que a crescente identificação entre o mundo do conhecimento e o mundo do trabalho, bem como a indicação da evidente falta de sintonia entre um e outro, não implica uma subordinação automática, em termos paradigmáticos, do primeiro ao segundo. Certamente, da transposição ingênua do *modus operandi* empresarial para a organização do trabalho escolar pouco se pode esperar. Expressões como "Qualidade total", "competitividade", "gestão estratégica", "trabalhos por projetos" pouco têm a oferecer às organizações educacionais, se estas não situarem em primeiro plano seus objetivos permanentes e fundamentais, relacionados com a construção da plena cidadania. A atualização da agenda educacional não significa, portanto, a transformação das escolas em empresas.

Por outro lado, corroborando o que se afirmou acima, cada vez mais as próprias empresas buscam caracterizar-se como "organizações de aprendizagem", valorizando temas e estratégias como a formação geral, a educação continuada, o trabalho por projetos, há muito presentes na organização do trabalho escolar. Há mesmo autores, como Senge (1990), que pretendem explicitar as novas funções do dirigente empresarial recorrendo à metáfora do "dirigente como um professor": aquele que orienta, estimula, compatibiliza projetos individuais e coletivos.

Esta valorização, até certo ponto surpreendente, da profissão de professor, parece ter sido levada até as últimas conseqüências por Adam Schaff, em suas análises sobre a sociedade informacional. Em sintonia com as necessidades teóricas enraizadas na crise do desemprego estrutural, e consciente das transformações paradigmáticas em curso, Adam Schaff (1992) aceitou o desafio de uma análise global da questão, incluindo sua dimensão educacional. Em sua problematização, inclui grande parte das questões anteriormente discutidas, como se pode depreender do trecho seguinte:

Como e o que deverá substituir o sentido da vida humana quando este desaparecer juntamente com o atual conceito de trabalho? a resposta será: deveremos oferecer-lhes ocupações que possam substituir o trabalho no sentido tradicional, tornar-se a fonte dos necessários meios de subsistência (num dado nível histórico de desenvolvimento das necessidades humanas) e determinar ao mesmo tempo o seu status social, com todos os estímulos derivados da possibilidade de ascensão social.(p. 122)

O próprio Schaff sugere em seu trabalho a carência de pesquisas que visem a este repensar o significado do trabalho, em especial sobre os efeitos da ausência de trabalho sobre a saúde física e psíquica em diferentes grupos sociais ou faixas etárias, como registra no trecho seguinte:

Na minha opinião, não se realizaram até hoje sérias investigações empíricas ou teóricas sobre o tédio como fonte da patologia social, especialmente entre os jovens. (p.118)

Schaff preocupa-se de modo especial com os efeitos da crise entre os jovens, considerando que, neste caso, tais efeitos multiplicam-se muito rapidamente, estabelecendo pontes sólidas entre patologias psicológicas e sociais. Crepet (1990) também dedica todo um capítulo de seu livro a este tema. A particular importância atribuída a este caso parece um eloqüente indício do papel que a Educação irá desempenhar no cenário vislumbrado. De fato, esta pode ser a raiz mais funda das propostas de Schaff, de suas preocupações com as medidas preventivas, como se pode notar no trecho a seguir:

Existem muitos indicadores práticos que mostram que a capacidade dos pedagogos de despertar interesse intelectual e entusiasmo pelo aprendizado representa uma contribuição para salvar os jovens do âmbito das patologias sociais... Privar os jovens do trabalho significa privá-los dolorosamente do sentido da vida ainda hoje operante. Na medida em que este sentido não é substituído por outro, surge a perigosa patologia que já se manifesta hoje em diferentes países sob a forma de toxicomania, do alcoolismo, da delinqüência juvenil etc. Estes fenômenos são simplesmente o primeiro florescimento, enquanto o fruto maduro poderá ser observado na sociedade do desemprego estrutural avançado, caso não sejam tomadas em tempo oportuno medidas preventivas conseqüentes. (p.118)

A proposta de Schaff

Evitando intencionalmente armadilhas como a do cientismo ou da unidimensionalidade ideológica no tratamento do tema, Schaff propôs, em 1985, o esboço de um programa abrangente, filosoficamente fundamentado e sugerindo articulações com as ações práticas correspondentes, que, aparentemente, até hoje, parece não ter conduzido a quaisquer resultados concretos. Elaborado a partir de um dos Relatórios ao Clube de Roma, um grupo de cerca de 100 pessoas de diferentes países, incluindo cientistas, humanistas, industriais, filósofos de tendências diversas, sob o título geral de "The Club of Rome Information Series - Contributions to the Understanding of the World Problematique", o programa de Schaff examina as conseqüências sociais das tecnologias informáticas sobre o trabalho e o tempo livre, aludindo de modo especial ao papel a ser desempenhado pela educação no novo cenário que se descortina e que foi aqui examinado, segundo as perspectivas de Watts e Offe.

Segundo Schaff, **o modelo de uma ocupação universal que combine naturalmente a utilidade e a valorização social deve consistir na educação permanente (continuous education), associando uma atividade de estudo com uma atividade de ensino.** A partir de tal premissa, esboça um programa de seis pontos cuja factibilidade defende mas cuja responsabilidade global pela execução deveria ser delegada, segundo ele, a instituições internacionais como a UNESCO, por exemplo.

Uma síntese sumaríssima do programa esboçado por Schaff, cuja fecundidade e cuja coerência interna estão a exigir uma análise mais acurada de todos os que se debruçam sobre a crise do desemprego em uma perspectiva abrangente, sobretudo dos educadores envolvidos com o tema, é a seguinte:

Programa de Schaff

1. A educação permanente deveria ser um dever social, como hoje o é a escolaridade básica, ainda que sua duração varie de país para país. Deve constituir um direito do qual não se possa abrir mão, caso contrário desmoronaria a idéia de se criar um sentido para a vida através da educação.

2. Sendo a educação escolar mais prolongada, em ambiente crescentemente informatizado, os métodos de ensino devem ser reformulados no sentido de conduzir a uma auto-formação controlada e promover mais - e mais rapidamente - autonomia intelectual aos estudantes.

3. A instrução superior especializada deveria ser mais valorizada, naturalmente com programas profundamente modificados em relação aos atuais.

4. A partir do momento em que se deixa a escola média, independentemente do curso superior que se seguirá, todo estudante deveria desenvolver, segundo sua capacidade e competência, as funções de professor, instrutor (no esporte, por exemplo), consultor, assistente social etc, combinando, portanto, a atividade de estudo com a atividade de ensino.

5. Os cientistas, artistas e demais produtores independentes de valores culturais deveriam exercer suas atividades nos respectivos campos sendo remunerados pelo Estado segundo o nível e os resultados de seu trabalho criativo, avaliados segundo critérios fixados por organizações autônomas de cientistas, artistas etc.

6. Aqueles que carecem de habilidade ou de talento para trabalhar em um campo específico da ciência ou da arte, deveriam continuar seus estudos em atividades práticas ou culturais, com a possibilidade de mudar o tipo de estudo segundo programas alternativos organizados por especialistas de diferentes setores.

Conclusão

O Programa de Schaff constitui, sem dúvida, um projeto ambicioso, de natureza utópica, visando à construção de um novo tipo de homem, o *Homo Studiosus*, que prepararia o caminho, segundo tal autor, para a realização de um dos mais perenes sonhos humanistas: a emergência do *Homo Universalis*. Entretanto, mesmo evitando as armadilhas mais tentadoras, como a do tratamento do tema de um ponto de vista exclusivamente científico ou numa perspectiva ideológica parcial ou simplificada - ou, talvez, até por isso -, Schaff produziu uma reflexão seminal, que não dispensa a germinação e a regadura, no caminho para a viabilização dos frutos. Asso-ciações diretas, culturalmente estabelecidas e continuamente alimentadas durante muitos séculos, como a existente entre a produção de bens ou serviços e a remuneração correspondente, entre o acúmulo de bens materiais e o reconhecimento social não resultam minimamente abaladas por um documento ou mesmo por um decreto. Alterações substantivas no cenário dos valores, favorecendo o desenvolvimento de ações consentâneas com os princípios programáticos arrolados passam necessariamente pelo terreno da educação.

Neste sentido, o Programa de Schaff representa, além de tudo, um desafio peculiar para educadores. Se as atividades de ensino e aprendizagem constituirão a ocupação básica e permanente de todos os indivíduos, cada um segundo suas competências e seus interesses, segue-se daí que o trabalho docente adquirirá uma característica tão universal que qualquer pretensão de especificidade parecerá anômala. Aos educadores - e todos passarão a sê-lo - caberia, então, a tarefa pioneira, instauradora, da reformulação dos vínculos entre a ocupação e a remuneração, entre o significado social da tarefa desempenhada e o retorno financeiro diretamente associado. Como, de certa forma, os educadores *stricto sensu* já estariam acostumados com isso, pela própria natureza da tarefa que rotineiramente desempenham, o grande desafio a ser enfrentado seria o de administrar hábitos antigos no desempenho de tarefas absolutamente novas.

A parcial "desmercadorização" do conhecimento e do trabalho, no sentido apontado por Schaff, aproximando a produção e a circulação de bens culturais um pouco mais de estratégias e costumes pré-mercantis, como as que foram magistralmente sublinhadas por Mauss (1974) em seu "Ensaio sobre a dádiva" abre uma promissora trilha que pode significar uma efetiva saída para os impasses e dilemas em que a tácita mercadorização nos mergulhou. Na primitiva troca de "presentes", forma e conteúdo do "valor" não se separam de modo esquizofrênico, como se dá, em geral, no caso das mercadorias, com uma especial amplificação no caso do "fetichismo" tão bem denunciado por Marx. Sem dúvida, o trabalho do professor tem muito mais a ver com dádiva do que com preço.

De fato, parece cada vez mais claro que os seres humanos buscam, em última instância, um significado para suas ações, e não meramente o conforto material, um trabalho criativo, e não apenas a inatividade ou o lazer. O trabalho criativo, estruturado em valores universais como a solidariedade e o respeito mútuo, incluindo ainda o aprendizado e o lazer, a busca da realização de seus projetos, da concretização de suas ilusões, pode ser a meta que mais se aproxima, dentre todas as que já foram propostas, de uma definição para o sentido da vida.

Desse modo, o recado fundamental do programa de Schaff talvez seja, precisamente, a correção do título destas notas:

O FUTURO DO TRABALHO É A EDUCAÇÃO.

2

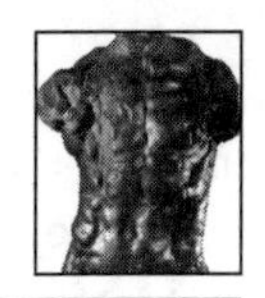

Qualidade na educação: o óbvio e o obscuro

Todo necio
Confunde valor y precio
(Antonio Machado, Provérbios y Cantares)

Introdução

Em um de seus mais lúcidos delírios, o poeta francês Jean Cocteau (1889-1963) cunhou o seguinte epigrama: *"A poesia é indispensável. Se eu ao menos soubesse para quê..."* Algo análogo poderia ser dito, atualmente, em relação ao tema da Qualidade, considerada imprescindível em todos os contextos, ainda que permaneça em grande parte obscuro o significado de tal necessidade.

De fato, no universo das empresas, já há alguns anos o tema tornou-se candente, multiplicando-se as publicações sobre a qualidade na gestão, quase sempre envolvendo idéias diretamente associadas, como produtividade e competitividade, ou então certificados de excelência, algo correlato, no universo das empresas, aos conhecidos testes de QI entre os seres humanos. Um exemplo paradigmático é o livro *"A Business Week Guide - The Quality Imperative"*, publicado em 1994, tendo por base uma edição especial da Revista Business Week. As ações propugnadas em tais textos parecem sempre interessantes e necessárias, ainda que, em muitas delas, seja impossível não lembrar das famosas recomendações do Conselheiro Acácio, fruto da lavra e da argúcia de Eça de Queiroz.

No âmbito das instituições públicas, o decreto Nº40.536 (12-dez-1995) instituiu, no Estado de São Paulo, o Programa Permanente da Qualidade e Produtividade no Serviço Público, abrangendo os órgãos e entidades da administração pública estadual, direta e indireta, inclusive as autarquias de regime especial, visando a uma contínua melhoria da qualidade dos serviços prestados aos cidadãos em geral. Em sintonia com tal decreto, o Reitor da Universidade de São Paulo, através da portaria GR 2.895, (29-jan-1996), criou a Comissão de Gestão da Qualidade e Produtividade, responsável pela implementação do programa permanente anteriormente referido, e algumas ações já estão sendo realizadas ou planejadas.

No que se refere à educação, tanto na esfera pública quanto no setor privado, a questão da qualidade tem sido tratada de modo excessivamente ambíguo, oscilando caprichosamente entre o óbvio e o obscuro. Muitos aspectos bastante positivos de tal preocupação com a qualidade na educação têm sido sensivelmente prejudicados justamente pela falta de clareza quanto ao significado dos termos utilizados, eivados de transferências indevidas de relações ou conotações, envolvendo, sobretudo, as dimensões política e filosófica da questão.

O objetivo deste trabalho é alimentar a discussão sobre o significado da expressão "qualidade na educação", examinando as possibilidades e os limites das transferências de conceitos do universo das empresas para o das escolas, em seus diversos níveis. Quatro pontos terão prioridade nas análises:

-a falta de sintonia entre as formas de organização emergentes no universo do trabalho e as que predominam no universo educacional;

-as diferenças na complexidade e na amplitude dos valores envolvidos em projetos empresariais ou educacionais;

-a impossibilidade da redução do significado da formação do cidadão ao da satisfação do cliente;

-e a problemática da representação/apreensão da qualidade pela quantidade, incluindo os usos e abusos de indicadores numéricos como expressão de qualidade.

Especialmente neste último ponto, a questão da avaliação educacional em sentido amplo deverá vir à tona, incluindo tanto a seleção e a interpretação de indicadores que se referem ao desempenho dos alunos quanto a de outros, relativos ao funcionamento das escolas ou do sistema educacional em seus diversos níveis.

A educação e o mundo do trabalho

O movimento pela busca da qualidade tem sido inspirado basicamente pelas profundas transformações na estruturação das empresas, em curso no universo econômico, onde o conhecimento torna-se, cada vez mais, o principal fator de produção. Os princípios tayloristas de organização científica do trabalho, através de um multiparcelamento de tarefas impessoais, que inspiraram a linha de montagem fordista, levaram até as últimas conseqüências um intencional desconhecimento dos projetos por parte dos trabalhadores que os executavam. Somente aos "gerentes" possibilitava-se o vislumbre do processo global de produção e a cada um dos operários era reservada uma tarefa inexpressiva, um verdadeiro "trabalho em migalhas", na feliz expressão de FRIEDMANN (1983).

Consentânea com o método cartesiano de investigação científica, que consistia na decomposição de idéias complexas em uma seqüência de idéias simples, imediatamente apreensíveis, cujo encadeamento lógico reconstituiria a complexidade inicial, tal matriz taylorista de organização tem sido progressivamente abandonada no mundo do trabalho, ainda que possa persistir, de modo tópico, em uma ou outra atividade. Nos programas de qualidade nas empresas, buscam-se o envolvimento e a participação de todos nas diversas etapas dos projetos que são executados, o que inclui o estabelecimento das metas e a negociação da repartição das tarefas. O "especialista em micro-tarefas" está sendo substituído pelo "especialista consultor", que sabe trabalhar em grupo, e ninguém pode ser chamado a dar opiniões, ainda que sobre sua "especialidade", se desconhece a totalidade do projeto que está em curso.

O próprio significado do trabalho para cada indivíduo está se deslocando daquele associado a uma carreira fixa, com progressões funcionais sucessivas, para o que corresponde ao desempenho de tarefas diversificadas, em diferentes projetos, com alterações, inclusive, nas formas de remuneração. Estar trabalhando significa, cada vez mais, estar participando de um ou mais projetos, com durações diferenciadas, e exercendo, possivelmente, diferentes funções. Uma formação geral, associada à capacidade de vivenciar com prazer certo "nomadismo", tanto geográfico quanto temático, tornam-se cada vez mais desejáveis e freqüentes no universo do trabalho.

Um outro aspecto interessante associado ao novo significado do trabalho é a consciência do fim de uma época onde havia nitidez na periodização formação para o trabalho/trabalho propriamente dito/aposentadoria. Hoje, a idéia de uma formação permanente encontra-se crescentemente presente na reorganização do mundo do trabalho, esvaziando inteiramente a expectativa de que, ao sair da escola, saiba-se "tudo" sobre o trabalho a ser realizado e deslocando as atenções para a valorização da habilidade de "aprender a aprender".

No universo da educação formal, em seus diversos níveis, tais transformações ainda não estão em curso, ou são bastante incipientes. Em termos epistemológicos, a moldura ainda é quase que exclusivamente cartesiana, sendo predominantes idéias como as de encadeamento linear, pré-requisitos, seriação. As disciplinas desempenham individualmente um papel predominante, interagindo de modo muito tênue e sobrepondo, muitas vezes, seus objetos ou objetivos aos dos projetos em curso. Como nas relações internas, as relações entre as disciplinas são quase sempre hierarquizadas, sendo algumas delas consideradas mais importantes ou pré-requisitos de outras. Os currículos continuam a pretender "ensinar tudo" nos poucos anos em que se freqüenta a escola, como se a expectativa não fosse a de uma educação permanente. Em decorrência, muitos cursos de "formação" alongam-se desnecessariamente. Da escola básica à universidade, os princípios conformadores são essencialmente os mesmos, havendo uma pequena diferença apenas no que tange ao papel desempenhado pelos projetos, especialmente no caso da pesquisa acadêmica.

De fato, a fecunda e expressiva palavra "projeto" pode servir de base para uma comparação entre as transformações em curso nos universos do trabalho e da educação formal, sugerindo, inclusive, pontes para a incorporação por parte do universo escolar de características do outro, consideradas desejáveis.

A palavra *projeto* costuma ser associada tanto ao trabalho do arquiteto ou do engenheiro quanto aos trabalhos acadêmicos ou aos planos de ação educacional, política ou econômica. Em todos os casos, dois são os ingredientes fundamentais sem os quais não se pode ter senão uma pálida idéia do significado de tal palavra: *futuro (antecipação) e abertura (não-determinação).* Como esboço, desenho, guia da imaginação ou semente da ação, um projeto significa sempre uma antecipação, uma referência ao futuro. Distingue-se, no entanto, de uma de previsão, uma prospectiva ou uma conjectura, que são, muitas vezes, efetivamente, representações antecipadoras, mas que não dizem respeito, de modo algum, a um futuro a realizar, anunciando simplesmente acontecimentos susceptíveis de ocorrer, ou uma previsão sobre evoluções possíveis do real passíveis de serem consideradas na elaboração das estratégias dos atores, mas que não se constituem necessariamente em realizações dos mesmos. Por outro lado, uma concepção rigorosamente determinística do real elimina completamente a idéia de projeto; o segundo elemento constituinte de tal idéia é a permanente abertura para o novo, para o não-determinado, para o universo das possibilidades, da imaginação, da criação. As palavras de BARBIER (1994, p.52) sublinham de modo preciso o que se afirmou anteriormente: *O projecto não é uma simples representação do futuro, do amanhã, do possível, de uma ideia, é o futuro a fazer, um amanhã a concretizar, um possível a transformar em real, uma ideia a transformar em acto.* Sem dúvida, não há projeto sem futuro e, simetricamente, sendo a realidade uma construção humana, pode-se afirmar também que não há futuro sem projeto.

Etimologicamente, a palavra **projeto** deriva do latim *projectus,* particípio passado de *projícere,* algo como um jato lançado para frente, relacionando-se diretamente com outras palavras igualmente fecundas, como **sujeito**, derivada de *subjectus/subjícere* (lançado de dentro, de baixo), ou **objeto,** de *objectum/objícere* (lançado diante, exposto), ou ainda, **trajeto**, de *trajectus/ trajectare* (passagem através de). Todas têm um significado relativamente ambíguo, que talvez seja mais explícito em *sujeito*, que tanto designa o que é submetido à ação, quase equivalente a objeto, quanto o que submete, o que realiza ação; entretanto, também *objeto* pode nomear tanto o objetivo de uma ação de transformação do real quanto a porção da realidade na qual tal ação se efetua; *trajeto* pode nomear, igualmente, o caminho já percorrido ou o caminho a percorrer. No caso do *projeto*, a palavra designa igualmente tanto aquilo que é proposto realizar-se quanto o que será feito para atingir tal meta; as palavras de LICHNEROWICZ (apud BARBIER, 1984, p. 57) são elucidativas: *Se no século XVII o projecto é simplesmente uma ideia de acção, bem depressa, no decurso do século XVIII, a palavra assume o sentido de plano que visa realizar essa ideia.* Esta relativa ambigüidade, longe de constituir-se em problema a ser superado, situa-se na raiz de tais noções, abrindo caminho para o estabelecimento de fecundas articulações entre os elementos de pares como sujeito/objeto, interior/exterior, forma/conteúdo, individual/social.

A capacidade de elaborar projetos pode ser identificada como a característica mais verdadeiramente humana; somente o homem é capaz não só de projetar como também - e primordialmente - de viver sua própria vida como um projeto. Marx recorreu à idéia de projeto para distinguir o trabalho humano da atividade de uma aranha ou das construções de um castor. Mais recentemente, nos debates sobre o significado da inteligência e a possibilidade de uma "inteligência artificial", novamente a capacidade de ter "vontades", iniciativas, de criar, de cultivar sonhos ou ilusões, em outras palavras, de ter projetos, tem sido considerada a característica humana distintiva, tanto em relação aos animais como em relação às máquinas. Um computador, por mais sofisticação que venha a ostentar, ainda que possa vir a realizar certas operações similares às realizadas pela mente humana, jamais alimentará sonhos ou ilusões, nunca será capaz de ter projetos "pessoais". Julián MARÍAS sintetizou tal caracterização com maestria ao afirmar: *La realidad humana es primariamente pretensión, proyecto (MARÍAS, 1988, p.38).* Sem projetos, não há vida em sentido humano; excluindo-se o ponto de vista religioso, a morte, senão física, pelo menos mental, é o fim de todos os projetos. Desde a idéia original de religação do ser humano com Deus, as religiões, em seus múltiplos avatares, buscam projetar uma outra vida, extraterrena, ou fazer o homem projetar-se até ela.

No sentido acima esboçado, os projetos constituem os instrumentos da realização da liberdade individual, os espaços da iniciativa, da manifestação da criatividade, da invenção de possibilidades. Embora em seus usos mais freqüentes, a palavra "projeto" encontre-se mais associada a projetos acadêmicos de pesquisa, a projetos de engenharia ou de arquitetura, do que, em sentido mais lato, a projetos individuais de existência, a projetos políticos, a projetos pedagógicos, entre outros, utilizaremos tal palavra no que se segue, nesse sentido mais amplo, consentâneo com o ponto de vista de SIMON (1981), para quem *projetam todos os que concebem cursos de ação, com o objetivo de transformar situações existentes em situações imaginadas ou preferidas*, tanto em sentido individual quanto em sentido coletivo. O compromisso com a ação, que distingue decisivamente os projetos de sonhos, ilusões ou utopias, não deve, no entanto, contribuir minimamente para que se confunda projetos com meros planos, com instrumentos técnicos para a implementação das ações projetadas.

Nesse sentido amplo, a idéia de projeto encontra-se no mundo do trabalho produtivo, onde tem uma presença cada vez mais forte como formatação para a realização das tarefas, e no universo acadêmico, associadas à realização de pesquisas. No universo do ensino, tanto nos cursos de graduação quanto na escola básica, sua presença é pouco notada ou inexistente.

A transferência para o universo educacional de preocupações como as que estão presentes nos programas de qualidade no mundo do trabalho pode servir de base, pois, para aumentar a importância da idéia de projeto nas atividades de ensino, em seus diversos níveis. Tal fato deve contribuir para dar destaque, na realização das atividades didáticas, à fixação prévia de metas do que se projeta, à participação e à cooperação de todos na tarefa de persegui-las, a valorização do trabalho em grupo e, sobretudo, à re-instalação do hábito, tantas vezes esquecido, de avaliar o desempenho em função das metas do projeto que se realiza.

A própria reconstrução da idéia de disciplina pode resultar desse aumento da importância dos projetos como formatação das atividades da escola básica. De fato, em um contexto onde o que vale são os objetivos do projeto que se persegue, pode tornar-se mais aceitável a idéia de que os estudos das diversas disciplinas constituem meios ou atividades intermediárias úteis à concretização dos projetos de vida, articulando os interesses individuais e coletivos através da construção da cidadania.

É importante registrar, no entanto, que, se existem razões como as anteriormente apresentadas, a sugerir que pode ser encarada positivamente a transposição da idéia de projeto, em sentido lato, do mundo das empresas para o mundo das escolas, existem também razões igualmente consistentes que revelam o quanto é pernicioso para a Educação a identificação da natureza dos projetos educacionais com a dos projetos em sentido empresarial. A absoluta necessidade da distinção entre os dois tipos de projeto será analisada a seguir.

Projetos: escolas x empresas

A dimensão óbvia da razoabilidade da adesão aos programas de qualidade resulta de que eles visam à otimização dos diversos aspectos da produção, incluindo-se todos os elementos do cenário: matéria-prima, atores envolvidos, ambiente de trabalho, processos constituintes, produto final. Naturalmente, desde que todos estejam de acordo com as metas estabelecidas no projeto que se realiza, todos desejam tal busca de otimização. Mas aí é que está o busílis da questão.

De fato, a construção de projetos não pode prescindir do exame de uma idéia complexa como é a noção de valor.

Dissociada de preocupações com valores, a capacidade de projetar pode conduzir a desvios indesejáveis, ou a becos sem saída. Vale a pena ter como projeto de vida transformar-se no maior traficante de drogas, ou no maior assaltante de bancos, ou no maior preguiçoso do mundo? Parafraseando Goya, para quem *os sonhos da razão produzem monstros*, é possível afirmar-se que, no caso dos projetos, o racionalismo mais inspirado, desprovido de uma arquitetura de valores socialmente acordados, pode conduzir a monstruosidades.

Voltando ao busílis da questão: enquanto no mundo das empresas os projetos costumam ser muito bem delimitados, abrangendo apenas uma fatia pequena do universo dos valores, quando não se restringem apenas ao valor econômico, no caso de projetos educacionais, mesmo no de uma única escola, é muito amplo e complexo o espectro de valores envolvidos. Quando se lida com seres humanos em formação, com seus sonhos, suas fantasias, seus projetos de vida, aumenta muito a responsabilidade pela escolha das metas, pela articulação entre as múltiplas aspirações individuais e o interesse coletivo. Se, por exemplo, no universo das empresas, a idéia de competitividade domina o cenário de forma absoluta, no da Educação ela deve associar-se com outras, muitas vezes mais relevantes, como é a idéia de solidariedade. Não temos dúvida em afirmar que *a mais complexa das empresas é muito mais simples, do ponto de vista do projeto que persegue, do que a mais simples das escolas.* Não faz sentido, portanto, a mera transposição das preocupações com a qualidade, do universo das empresas para o das escolas, sem a consideração da diversidade dos projetos vigentes. Em uma escola - ou uma empresa - onde o projeto norteador conduz ao indesejável - ou ao inferno - aderir a um programa de qualidade sem refletir sobre os objetivos perseguidos significa esmerar-se em buscar o que não se quer - ou em morrer queimado o mais rapidamente possível.

Qualidade: cliente x cidadão

Um dos postulados mais explícitos de um programa de qualidade é a afirmação de que a qualidade é caracterizada pela satisfação do cliente. Naturalmente, para aplicar-se a todas as situações, a palavra "cliente" deve ter seu significado ampliado de forma extrema, transcendendo em muito o de mero consumidor. O mundo inteiro, então, sob essa óptica, é visto como uma vasta clientela. Em cada situação concreta, seria necessário apenas definir, delimitar o universo dos clientes. No caso de uma empresa, haveria os clientes externos - os fregueses -; os clientes internos - os empregados -; além de intermediários, como os fornecedores, entre outros. Sempre, no entanto, o princípio organizador é o de que a meta precípua é a felicidade do cliente.

Alguns defensores mais exacerbados dos programas de qualidade chegam mesmo a identificar o postulado da satisfação do cliente com um preceito bíblico, como CAMPOS (Apud ASSMANN, 1994, p.34), que em sua "pregação" sobre a chamada "qualidade total", afirma: *O empresariado brasileiro se conscientiza de que a grande saída é investir em qualidade; é preciso que se exercite a capacidade de* ***servir ao próximo*** *da melhor maneira possível; a gerência da qualidade pode reformular o sistema educacional no Brasil; ...basta que se tenha em mente a determinação de* ***servir ao próximo*** *- este é o princípio da qualidade; a qualidade total é praticada com a determinação de* ***servir ao próximo*** *da melhor maneira possível; esta máxima vale para pessoas físicas e grandes instituições...; ...o desafio maior é levar para dentro das organizações o conceito de priorizar o cliente; aliás, esse é um ensinamento que está, há mais de dois mil anos, na Bíblia:* ***"Ame ao próximo".*** *Esse é um conceito antigo que agora queremos praticar (grifos nossos).*

Deixando de lado o caráter pitoresco da citação anterior, vamos procurar compreender os estranhos desígnios etimológicos que contemplaram a palavra "cliente", no léxico dos teóricos da qualidade. Pelo menos nas línguas de origem latina, como a nossa, "cliente" origina-se de *cliens, clientis,* que significa *vassalo, protegido de alguém, de um senhor*, este sim, detentor do poder. Posteriormente, a palavra foi associada aos protegidos dos senadores romanos, dando origem à variante do costume político comum e freqüentemente criticado, denominado "clientelismo". Mais tarde ainda, o uso foi estendido para designar os que consultavam determinados profissionais, como os advogados ou os médicos. Hoje, no discurso da qualidade, uma fantástica torção semântica transformou o vassalo no senhor.

Quando se discute a implementação de programas de qualidade no âmbito do serviço público, é comum a identificação do cliente como sendo "o conjunto da sociedade", o que conduz a uma indiferenciação francamente inaceitável, no planejamento das atividades de uma empresa, por exemplo. Tal ampliação no significado da palavra *cliente* também costuma ocorrer quando o postulado da satisfação do cliente é transferido para o universo educacional. Neste último caso, no entanto, a torção semântica é muito mais perigosa, uma vez que a identificação que se instaura é entre o *cliente* e o *cidadão.*

De fato, nos tempos atuais, nenhuma caracterização das funções da educação parece mais adequada do que a associação da mesma à formação do cidadão, à construção da cidadania. Nos mais variados países e em diferentes contextos, educação para a cidadania tornou-se uma bandeira muito fácil de ser empunhada, um princípio cuja legitimidade não parece inspirar qualquer dúvida. A não ser a que se refere ao próprio significado da expressão "educar para a cidadania".

Etimologicamente, *cidadão* deriva de *civis,* palavra latina de dois gêneros que designava os habitantes das cidades; não qualquer habitante, mas apenas os que tinham direitos, os que participavam das atividades políticas. *Civitas, civitatis* significava a condição de cidadão; *civitate donare* queria dizer *dar a alguém a condição de cidadão*; *civitatem amittere* era *perder o direito à cidadania,* ou o direito a ter direitos políticos. Similarmente, a palavra *político* deriva da palavra grega *pólis,* que também queria dizer *cidade.* Na Grécia antiga, os habitantes das cidades dividiam-se em *políticos* e *idiotas.* Os *políticos* eram os que participavam da vida da *pólis;* aos *idiotas* cabia, no máximo, preocuparem-se consigo mesmos. O radical *idio* ainda hoje permanece associado a singularidades, em palavras como *idiossincrasias,* ou *idiossincrático.* Posteriormente, *idiota* passou também a significar *estar alheio ao que ocorre, ser estúpido ou amalucado.* Tal significado, na época, era diametralmente oposto ao da palavra *político.*

Atualmente, a idéia de cidadania ainda permanece diretamente associada à de ter direitos, uma característica que não parece suficiente para exprimir tal concepção, uma vez que, em termos legais, os direitos não são mais privilégios de determinadas classes ou grupos sociais. Um documento fundamental no balizamento de tal generalização é a Declaração Universal dos Direitos Humanos (DUDH), adotada e proclamada pela Assembléia Geral das Nações Unidas em 10 de dezembro de 1948. É certo que violações nos Direitos Humanos no sentido explicitado pela DUDH continuam a ocorrer em diversos países, nos mais diferentes setores. Entretanto, restringir a idéia de cidadania à de ter direitos pode significar uma limitação da formação do cidadão à vigilância sobre o cumprimento das deliberações da DUDH, ou de outros documentos similares, internacionais ou nacionais. Isso não significaria uma tarefa pequena do ponto de vista prático mas restringiria demasiadamente o significado político/filosófico de tal noção. A própria expressão "educar para a cidadania" resultaria relativamente empobrecida por uma restrição como essa.

Mesmo em países onde os direitos humanos não costumam ser violados, a necessidade da formação do cidadão permanece viva, relacionando-se com a semeadura de valores e a articulação entre os projetos individuais e coletivos. Entre a noção de cidadania e a idéia de projeto, tal como foi anteriormente esboçada, existe uma relação interessante que alimenta a ambas, simbioticamente. Para examinar tal interação, alinhavaremos, a seguir, algumas considerações sobre o movimento pendular dos projetos individuais aos coletivos, e vice-versa.

Projetos individuais e coletivos

Já foi registrado anteriormente que a capacidade de ter projetos pode ser identificada como a característica mais verdadeiramente humana. A inteligência humana consistiria, precisamente, nesta capacidade de invenção de metas, de criação de possibilidades.

Naturalmente, não basta alimentar-se de projetos individuais, que não garantem mais do que uma vida de idiotas, em sentido grego. Carecemos de projetos coletivos, que estimulem as ações individuais, articulando-as na construção do significado de algo maior. Tanto quanto da satisfação das necessidades básicas em sentido biológico ou econômico, necessitamos participar de projetos mais abrangentes, que transcendam nossos limites pessoais e impregnem nossas ações, nossos sonhos, de um significado político/social mais amplo. A ausência de projetos coletivos costuma ser responsabilizada pelo surgimento de neo-conflitos, mesmo em sociedades industrializadas. Nos países em desenvolvimento, muitas vezes, simulacros de projetos ganham corpo, a partir da aspiração, quase sempre ingênua, de copiar os países desenvolvidos; nesses, a ausência de matrizes a serem copiadas já produziu, em passado recente - e talvez não cesse de produzir, continuamente - certas simulações de rompimento com o *statu quo,* certas marginalidades fictícias, facilmente absorvíveis pelo sistema, como a dos movimentos *hippies* dos anos 60, a de rebeldes do tipo *Unabomber*, ou a dos *hackers*, na sociedade informatizada.

A ausência ou a transformação radical nos projetos ou nos valores costuma ser sistematicamente associada à idéia de crise, tanto no nível individual quanto na referência a países ou culturas. No caso específico da educação brasileira, não são poucas as vozes que pretendem que a crise deve-se à ausência de um projeto coletivo. Tal ausência, no entanto, tem sido confundida amiúde com a inexistência, no campo educacional, de algo como um plano nacional de educação, bem como de uma legislação educacional adequada. A atual Constituição prevê, inclusive, a existência formal de um tal Plano, que orientaria diretamente as ações educacionais, e um projeto de Lei de Diretrizes e Bases da Educação Nacional tramita há vários anos no Congresso Nacional, subjazendo certa expectativa de que a solução de muitos dos problemas educacionais decorrerá de sua aprovação.

Não se pode duvidar, é claro, da necessidade da existência de planos de ação, não só para a área da educação, como também para a da saúde, para a da habitação etc., bem como de uma legislação atualizada, que constitui a dimensão objetiva dos limites das ações políticas. Entretanto, a dependência tão direta entre projetos e planos de ação, entre planos e leis que viabilizem sua implementação não parece natural nem conveniente.

No caso da educação, carece-se muito mais de uma carta de princípios gerais, uma espécie de tábua de valores fundamentais, amplamente acordados com as entidades mais representativas da sociedade, sublinhando os valores maiores que deveriam orientar os projetos e as ações educacionais, do que de planejamentos excessivamente minuciosos ou de alterações radicais na legislação em vigor. Alguns exemplos de tais valores, quase sempre consensuais no nível do discurso mas insuficientemente presentes na implementação das ações, são a autonomia das unidades escolares, que não pode limitar-se a aspectos financeiros, e a valorização da função docente, que não se esgota na questão salarial mas que não pode esquecê-la. Sem o enraizamento em valores como esses, os projetos mais bem intencionados terminam por perder toda a potencialidade transformadora, tendendo a confundir-se com planos de ação de cunho meramente burocrático, ou a tangenciar o terreno jurídico, onde correm o risco de confundir-se com leis, cristalizando-se ou tornando demasiadamente rígido o que deve ser, por sua natureza, flexível, adaptável, variável.

A educação portuguesa, em tempos recentes, constitui um exemplo elucidativo para a correção dos desvios apontados acima. A Lei de Bases do Sistema Educativo (LBSE), formulada no período posterior à Revolução dos Cravos (1974), registra, em seu Art. 2º, que a educação deve organizar-se tendo em vista *o desenvolvimento pleno e harmonioso da personalidade dos indivíduos* e a incentivar *a formação de cidadãos livres, responsáveis, autónomos e solidários.* Em seu Art. 3º, explicita os princípios de organização do sistema educacional, que deve ter em vista *contribuir para a realização do educando, através do pleno desenvolvimento da personalidade, da* ***formação do carácter e da cidadania****,* assim como *assegurar o respeito à diferença, mercê do respeito pelas personalidades e pelos* ***projetos individuais de existência*** *(Grifos nossos).* A referência direta ao respeito aos *projetos individuais* constitui um indício importante da preocupação em valorizar o ser humano, tomando-o como ponto de partida para as ações educativas, ao mesmo tempo em que se busca uma valorização da solidariedade, da tolerância, elementos constituintes da noção de plena cidadania, evidenciando, portanto, um equilíbrio na dupla preocupação de formação pessoal e social.

A idéia de integração entre a formação pessoal e a social, entre o desenvolvimento das personalidades individuais e o pleno exercício da cidadania tem sido objeto de estudos extremamente fecundos, com origem em diferentes áreas do conhecimento, como os de Norbert ELIAS, em *A Sociedade dos Indivíduos (1994)*, no terreno da sociologia; os de Marvin MINSKY, em *A Sociedade da Mente (1985)*, no terreno da psicologia cognitiva; ou os de Pierre LÉVY, em *L'Intelligence Collective (1994)*, no terreno da epistemologia.

Em ELIAS (1994), tal integração encontra-se fortemente associada à idéia de rede como representação da relação indivíduo/sociedade. Em suas palavras, *o que aqui chamamos de "rede", para denotar a totalidade da relação entre o indivíduo e sociedade, nunca poderá ser entendido enquanto a "sociedade" for imaginada, como tantas vezes acontece, essencialmente como uma sociedade de indivíduos" (p.30)*. Mais adiante, no mesmo trabalho, ao referir-se ao indivíduo, ele explicita um pouco mais a idéia de rede: *esse "eu", essa "essência" pessoal forma-se num entrelaçamento contínuo de necessidades, num desejo e realização constantes, numa alternância de dar e receber. É a ordem desse entrelaçamento incessante e sem começo que determina a natureza e a forma do ser humano individual. Até mesmo a natureza e a forma de sua solidão, até o que ele sente como sua "vida íntima" traz a marca da história de seus relacionamentos - da estrutura da rede humana em que, como um de seus pontos nodais, ele se desenvolve e vive como indivíduo. (p.36)*

Muito haveria ainda a se explorar sobre a relação em foco, tendo por base o fecundo e persistente trabalho de

Elias, ao longo de pelo menos cinco décadas, sobre tal temática; o mesmo se poderia afirmar sobre o trabalho de LÉVY, especialmente sobre a instigante noção de Inteligência Coletiva, que oferece perspectivas interessantes ao conjuminar inteligência e projetos, individuais e coletivos. Devemos, no entanto, seguir em frente.

Voltando à legislação educacional portuguesa, consideramos que a inserção na mesma da temática supra-referida de forma consciente, direta e equilibrada, visando não apenas a objetivos meramente retóricos, parece um fato alvissareiro para o futuro da educação naquele país.

Na confluência dos projetos individuais e sociais, situam-se, naturalmente, as questões relacionadas com o mundo do trabalho, com a construção da noção de projetos vocacionais. Em FONSECA (1994) pode ser encontrado interessante material a esse respeito, destacando-se a análise de como os projetos de vida são construídos na interface individual/social, sempre supondo uma intervenção conjunta de elementos afetivos, cognitivos e sociais. Cada projeto de vida tende a caracterizar-se como a realização de uma vocação, de um apelo, de um chamamento vindo, a um tempo, de dentro e de fora, representando o mais harmonioso encontro possível entre as aspirações individuais e os interesses coletivos. A idéia de vocação aqui evocada pouco tem em comum com as perspectivas religiosas ou inatistas; aproximando-se muito mais da perspectiva profissional, ou da escolha "madura" de uma atividade profissional. As palavras de FONSECA podem servir para explicitar mais as considerações supra-referidas, ao mesmo tempo em que aproximam as idéias de vocação e de projeto: *A concepção de maturidade vocacional adquire o seu pleno significado inserida num processo que valoriza a noção de projecto como elemento motor e significante das condutas humanas. O projecto profissional, em particular, surge como um suporte concreto que favorece a elabora-*

ção de projectos em geral e que não se limitam ao mundo do trabalho. (1994, p.61). É essencial, portanto, que a escolha profissional possa ser inserida em um cenário mais amplo, onde o elemento organizador parece ser justamente os projetos de vida.

Uma idéia de cidadania

As considerações anteriores conduzem a uma formulação de uma concepção de cidadania que transcenda o estatuto de uma postulação de direitos humanos, formalmente garantidos, e atribua um significado à expressão "educação para a cidadania" que ultrapasse o nível do discurso sobre a necessidade de uma contínua vigilância pela garantia dos referidos direitos.

De fato, associando-se as noções de cidadania e de projeto em sentido amplo, tal como anteriormente se delineou, nada parece mais característico da idéia de *cidadania* do que *a construção de instrumentos legítimos de articulação entre projetos individuais e projetos coletivos.* Tal articulação possibilitará aos indivíduos, em suas ações ordinárias, em casa, no trabalho, ou onde quer que se encontrem, a participação ativa no tecido social, assumindo responsabilidades relativamente aos interesses e ao destino de toda a coletividade. Neste sentido, *educar para a cidadania* significa *prover os indivíduos de instrumentos para a plena realização desta participação motivada e competente, desta simbiose entre interesses pessoais e sociais, desta disposição para sentir em si as dores do mundo.*

Insistimos em que o imperativo de conjuminar o conhecimento dos direitos com a vontade de participação encontra-se diretamente relacionado com a necessidade de ultrapassar o conforto de uma ética apenas da convicção, onde a integridade pessoal encontra-se garantida mas não conduz a ações efetivas, aportando-se em uma ética da responsabilidade, onde crescemos junto com o crescimento dos riscos e dos encargos que assumimos.

Múltiplos são os intrumentos para a realização plena desta cidadania ativa: *a "alfabetização" relativamente aos dois sistemas básicos de representação da realidade - a língua materna e a matemática, condição de possibilidade do conhecimento em todas as áreas; a participação do processo político, incluindo-se o direito de votar e ser votado; a participação da vida econômica, incluindo-se o desempenho de uma atividade produtiva e o pagamento de impostos; e, naturalmente, o conhecimento de todos os direitos a que todo ser humano faz jus pelo simples fato de estar vivo.*

Para estar vivo, no entanto, é fundamental ter projetos pessoais, e nesse sentido, a LBSE portuguesa parece exemplar, na medida em que estabelece que *a educação visa à formação de cidadãos livres, responsáveis, autônomos e solidários e deve buscar a formação do caráter e da cidadania através do respeito pelos projetos individuais de existência*. Pode-se reconhecer facilmente, nos trechos em destaque, a preocupação com a articulação entre os projetos individuais e coletivos, situando-se a idéia de cidadania como antídoto para a confusão entre a valorização dos projetos pessoais e o primado exclusivo do individualismo.

Como já se registrou anteriormente, tanto individual quanto coletivamente, o mais inspirado dos projetos desprovido de uma arquitetura de valores socialmente acordados, pode conduzir a monstruosidades. *Educar para a cidadania* deve significar também, pois, semear um conjunto de valores universais, que se realizam com o tom e a cor de cada cultura, sem pressupor um relativismo ético radical francamente inaceitável; deve significar ainda a negociação de uma compreensão adequada dos valores acordados, sem o que as mais legítimas bandeiras podem reduzir-se a meros *slogans* e o remédio pode transformar-se em veneno. Essa tarefa de negociação, sem dúvida, é bastante complexa; enfrentá-la, no entanto, não é uma opção a ser considerada, é o único caminho que se oferece para as ações educacionais.

Considere-se, por exemplo, um conjunto de valores de aparência tão atraente como é a tríade que sustentou os ideais republicanos, a partir da Revolução Francesa: *Liberdade, Igualdade, Fraternidade.* Existe uma compreensão natural do significado de cada um deles, além da qual torna-se necessária uma explicitação/negociação dos limites na compreensão dos mesmos. Consideramos que todos os homens nascem iguais no que se refere aos direitos, o que inclui a liberdade de ir e vir, de ter projetos pessoais e realizar sua liberdade ao procurar realizar seus projetos, que todos são iguais perante as leis, que todos devem ter direito à propriedade, ao trabalho, etc., etc.,etc., tudo muito bem explicado, como na Declaração Universal dos Direitos Humanos. Entretanto, a plena liberdade no plano cultural não pode ser transportada mimeticamente para o plano econômico, transformando-se, quando isso ocorre, em uma corruptela do liberalismo. De modo similar, se é verdade que existe uma carência crônica e crescente de solidariedade/fraternidade no plano econômico, no plano político ou no cultural tais valores soem corromper-se em clientelismo ou nepotismo. O espaço político preferencial para a semeadura e a negociação dos valores socialmente acordados é, naturalmente, o da educação para a cidadania.

No caso da transferência de idéias e valores do mundo das empresas para o universo educacional, com a aceitação do postulado da caracterização da qualidade como a satisfação do cliente, constitui, pois, uma torção semântica inaceitável a identificação do cliente com o cidadão. A idéia de cidadania inclui, obviamente, a dimensão do cidadão enquanto consumidor, com a garantia de seus direitos, mas nem de longe se esgota em tal dimensão, ou tem nela seu centro de gravidade. A vivência como consumidor na esfera dos valores econômicos não pode subsumir outros níveis de participação, muitas vezes mais expressivos, envolvendo um espectro mais amplo de valores.

Ainda no que se refere à meta da satisfação do cliente, convém lembrar que, no mundo das empresas, a propaganda alimenta e amplifica, em grande parte, o "fetichismo" das mercadorias, sendo responsável pela invenção contínua de necessidades, pela criação de satisfações ou insatisfações fictícias e revelando os limites da caracterização das mercadorias por meio do par valor de uso/valor de troca. No universo educacional, mesmo sem o correlato da propaganda comercial, a insuficiência do referido par é flagrante e os princípios norteadores das ações e dos valores podem ser significativamente diferentes. Quando o que está em cena é o conhecimento, são muito freqüentes as situações em que a circulação de valores assemelha-se muito mais aos padrões pré-mercantis, examinados de modo instigante por Marcel MAUSS em seu famoso *Essai sur le don* (1922). A natureza da relação professor-aluno não pode ser plenamente compreendida senão em um cenário em que são incorporadas a desmercadorização relativa das trocas, a circulação de dádivas, a capacidade de dar e receber, a desconsideração de princípios de equivalências.

No universo escolar, são muito freqüentes ainda situações em que o "cliente" (aluno? pai? professor?...) não pode ser apenas "satisfeito", onde não é possível oferecer apenas o de que ele gosta ou que ele procura. Ao educador compete, muitas vezes, a coerção legítima, que gera a insatisfação imediata na busca de resultados ou valores que não poderão ser apreciados senão, talvez, em um futuro remoto. Faz parte do papel do professor assumir responsabilidades diante da realidade que vivencia, ainda que isto acarrete o risco de ter-se "clientes" insatisfeitos em razão de eventuais interesses aparentemente contrariados. Um professor pode e deve correr riscos como esse; um eleitor ou um político profissional, às vezes também podem esperar a próxima eleição; mas uma empresa não quer e não pode correr o risco de falir. Tanto do ponto de vista conceitual quanto do ponto de vista prático, a formação do cidadão não pode, portanto, em nenhuma circunstância, ser reduzida à mera satisfação do cliente.

Qualidade x quantidade: indicadores

Os termos "qualidade" e "quantidade" comparecem no discurso filosófico como elementos de um par complementar, recorrendo-se a eles, muitas vezes, para representar oposições, polarizações ou mediações. As relações de interdependência entre os elementos desse par são bastante fecundas e nem de longe podem ser consideradas triviais. Entretanto, o discurso dos teóricos da qualidade, predominante no mundo das empresas, sugere que a qualidade nasce da quantificação de um modo relativamente ingênuo, atribuindo-se a indicadores numéricos um poder de representação que freqüentemente eles não têm. Refletiremos sobre tal fato a seguir.

De modo geral, é comum associar-se a quantidade e a quantificação à utilização de números ou outros objetos matemáticos na representação dos fenômenos, a medições ou a valores em sentido "objetivo", enquanto a qualidade e o qualitativo permaneceriam associados a certa modalidade subjetiva qua afeta a percepção de um objeto exterior, a apreciações ou estimativas de valor de natureza "subjetiva". Naturalmente, o próprio par objetivo/subjetivo careceria de uma elaboração teórica especial, já indo bem longe os tempos em que a expectativa de uma fixação nítida de fronteiras entre tais territórios era considerada possível ou desejável; não nos deteremos, no entanto, neste ponto.

A história do pensamento científico registra diversos momentos em que a tentativa de tornar o mundo inteligível oscilou entre uma concepção extrema, de cunho pitagórico-platônico, onde a diversidade qualitativa dos fenômenos é reduzida à diversidade endógena dos objetos matemáticos; e uma outra, que sublinha a irredutibilidade da qualidade à quantidade, e tenta resistir à invasão dos números e do quantitativo em todas as atividades humanas. A luta obstinada de Goethe na defesa de sua Teoria das Cores contra a Óptica de Newton é um comovente testemunho de tal resistência.

O grande progresso da Física no século XIX, sobretudo a partir de Fourier, com os estudos sobre a propagação do calor, e de Maxwell, com o Eletromagnetismo, conduziu a opinião pública a uma apologia do quantitativo, registrada de modo emblemático na célebre máxima de Rutherford: *Qualitative is not but poor quantitative.* Com o extraordinário sucesso das Geometrias Não-Euclidianas, no final do século XIX, que passaram a servir de suporte para a Teoria da Relatividade, no início do século XX, as resistências à quantificação passaram a limitar-se a certos redutos da subjetividade ou da arte, tornando-se hegemônica uma mediação entre as posições platônico-pitagóricas e as representadas por resistências à quantificação, como a de Goethe.

Tal mediação pode ser caracterizada pela tentativa de introduzir a quantidade no mundo da qualidade através do recurso sistemático aos modelos matemáticos. Assim como não existiria uma única geometria mas sim diversos modelos geométricos para a representação do universo físico, a modelização variada dos processos econômicos, sociais e até mentais passou a situar-se no centro das atenções, inspirando diversos ramos das ciências na busca de instrumentos quantitativos que possibilitassem controle ou previsões. Sobretudo nas chamadas Ciências Humanas, muitas quantificações indevidas deram origem a críticas e tiveram seu significado posto em dúvida; entre elas, as putativas medições da inteligência através de indicadores como o Quociente Intelectual ocupam um lugar de destaque, inclusive nos dias atuais.

Mais modernamente, as relações entre o qualitativo e o quantitativo tornaram-se mais equilibradas, configurando uma alimentação mútua, uma dupla mão de direção nas interações. No âmbito da própria Matemática, em diversos campos, o qualitativo passou a nascer do enriquecimento das relações percebidas/construídas no interior do próprio quantitativo, subvertendo a máxima rutherfordiana anteriormente citada. Exemplos de tal subversão são certos desdobramentos dos estudos sobre as estruturas algébricas, com a emergência das noções de categoria e de alegoria, no seio da álgebra homológica; são também os desenvolvimentos mais recentes da Topologia, com o recurso cada vez mais freqüente à noção de invariantes topológicos, que funcionam como indicadores de certas "qualidades"; são ainda os estudos sobre sistemas dinâmicos, com suas singularidades e seu poder de representação qualitativo/quantitativa; ou a Teoria das Catástrofes, com seus sugestivos instrumentos, como atratores ou bacias, associados a férteis representações de fenômenos morfológicos, lingüísticos ou biológicos, entre muitos outros.

No discurso teórico da qualidade que advém do mundo das empresas, no entanto, sobressai a redução da qualidade à idéia de medição, baseada em uma escolha competente de indicadores expressivos, que instrumentariam o administrador na gestão de seus projetos, o que constitui uma simplificação difícil de se aceitar. Em certo sentido, tal estreitamento nos instrumentos para a apreensão da qualidade situa-se em um nível tecnicamente inferior ao de um outro movimento de elogio da matematização, ocorrido durante a Segunda Guerra

Mundial e nos cinco ou dez anos posteriores, que deu origem a uma variada gama de técnicas matemáticas enfeixadas sob o rótulo de Pesquisa Operacional (PO). Nas técnicas de PO, a matematização era, algumas vezes, sofisticadas, e após um equacionamento das relações múltiplas entre as variáveis envolvidas, buscava-se sempre uma otimização - máximo lucro ou mínimo custo. O encanto da PO há muito já se reduziu, tanto pelas dificuldades de equacionamento resultantes de um aumento exagerado do número das variáveis envolvidas quanto pela impossibilidade de se quantificar ou controlar algumas delas.

Um outro aspecto a ser considerado no discurso dos teóricos da qualidade nas empresas e diretamente relacionado com a adoção de indicadores e as intenções de medição é o da redução na variabilidade, considerada absolutamente fundamental como garantia da excelência de seus produtos. A qualidade da matéria-prima, dos atores e dos processos envolvidos deve revelar-se em um produto final com variações mínimas nas características. Nenhuma empresa lograria qualquer certificado de qualidade se seus produtos, ainda que todos de bom nível, apresentassem um espectro divergente de características, mostrando-se renitentes a classificações ou equivalências. Ocorre, no entanto, que esta diversidade radical é, ou deveria ser, precisamente o caso paradigmático, quando o "produto" esperado é o cidadão ativo, formado pelo sistema educacional. No universo dos seres humanos, a incomensurabilidade dos espectros de habilidades e competências, a impossibilidade de rotulações ou classificações definitivas, ou relativamente estáveis, a parcial imprevisibilidade associada à administração das emoções e dos sentimentos, às regulações dos humores, tornam a minimização na gama de variações uma meta absolutamente indesejável, que não encontra apoio em qualquer dado de realidade. De modo geral, a escola não oferece canais adequados para a manifestação da diversidade de competências, não valorizando suficientemente outras formas de manifestação das mesmas que não a lingüística ou a lógico-matemática. Este é um aspecto que está a exigir uma correção de rumo, sobretudo quando se consideram os sistemas de avaliação vigentes. Pretender a redução na variabilidade na educação, baseando-se em argumentos de qualidade, aponta no sentido contrário ao desejado e não pode passar de um grande mal entendido.

Naturalmente, a existência de limites para a caracterização da qualidade através da seleção e do controle de indicadores numéricos, em geral de natureza estatística, não significa que tais indicadores sejam absolutamente inócuos; entre a capitulação diante de números "objetivos", que dispensariam quase que completamente uma atitude hermenêutica do administrador, e a recusa *in limine* de qualquer quantificação, que revela sobretudo uma reação imatura, há um espaço imenso para a elaboração teórica de formas de apreensão mais efetivas da qualidade, por meio de indicadores quantitativos.

Uma das formas mais interessantes de tal elaboração pode ser encontrada nos trabalhos do historiador italiano Carlo GINZBURG (1989), com os elementos que articula em busca da constituição do que será chamado de uma "metodologia indiciária" de investigação. A exploração da idéia de indício, onde a busca do fundamental, do instituinte, baseia-se na percepção e na valorização de pormenores, de sutilezas habilmente amealhadas, pouco tem a ver com as intenções de medição, partindo de pressupostos até certo ponto antagônicos. De fato, se a intenção da medida quase sempre está associada com a da objetividade, com a redução da necessidade de interpretação ao mínimo necessário, a valorização dos indícios amplifica significativamente o espaço da hermenêutica, tornando a tarefa de quem lida como os indicadores/indícios mais próxima da atuação de um juiz, ao examinar um processo, do que da que é realizada por um técnico especializado, como o que verifica o valor mensal a ser pago em nossa conta de água ou de luz.

Para compor o escorço de sua metodologia indiciária, Ginzburg analisa as atividades e os procedimentos sistemáticos de três profissionais: - um classificador de obra de arte, no período do Renascimento, especializado em distinguir o original das cópias, múltiplas e realizadas por diletantismo, sem a intenção da fraude; - o personagem Sherlock Holmes, da lavra de Conan Doyle, com seu modo peculiar de desvendar sofisticadas tramas com base em elementos imperceptíveis ou insignificantes para quase todos; - e as pesquisas de Sigmund Freud, na elaboração da Psicanálise, onde a identificação e o tratamento dos problemas de natureza psíquica fundamenta-se quase que exclusivamente em indícios.

O ensaio de Ginzburg não constitui um manual de investigação, ou um tratado de uma nova metodologia; certamente, situa-se muito aquém disso, representando apenas uns poucos passos em um caminho quase inteiramente por ser construído. Seu *insight,* no entanto, é absolutamente novo e fundamental, parecendo adequar-se perfeitamente tanto no macro-mundo das instituições, na utilização de indicadores para o reconhecimento da qualidade, quanto no micro-mundo das salas de aula, nos processos escolares de avaliação.

É importante sublinhar, no entanto, o caráter imprescindível da dimensão hermenêutica no recurso a indicadores numéricos ou de dados estatísticos para a caracterização da qualidade. A necessidade de consideração de tal dimensão é importante quando se faz uso de tais indicadores e também quando não se faz uso de indicador algum, se é que isso é possível. Os indicadores, se bem escolhidos e construídos, podem facilitar o trabalho de interpretação, que nunca poderá ser subestimado ou eliminado. Em mãos inocentes, indicadores numéricos podem resultar mentirosos ou conduzir a desvios inintencionais; em mãos mal intencionadas, podem produzir mentiras com aparência inocente.

No que se refere ao recurso a indicadores de qualidade, se é preciso lembrar Flaubert, para quem *le bon Dieu est dans le détail*, também não se pode esquecer o poeta espanhol Antonio Machado, em seu poema curto, meta e mote para as intenções métricas dos apologistas da qualidade:

En mi soledad
He visto cosas muy claras
Que no son verdad.

Conclusão

O discurso sobre a qualidade no universo das empresas, com a transposição de seus elementos para a gestão da educação, apresenta duas faces que despertam impulsos contraditórios de adesão ou de repulsa. A adesão decorre da obviedade da maior parte dos argumentos utilizados: é necessário que tudo funcione bem, que os recursos humanos e materiais sejam otimizados, que a felicidade esteja presente nos ambientes de trabalho, além de outras máximas acacianas. A repulsa está associada freqüentemente a uma visão dualista, que pretende separar radicalmente os universos em questão, fixando balizas nítidas entre o mundo da escola e o das empresas, entre valores morais e valores econômicos, entre os interesses do cidadão e as motivações dos empresários, entre o sagrado e o profano.

Neste texto, procuramos analisar ambos os impulsos, ainda que tenhamos refletido como mais vagar sobre as razões da repulsa. No que se refere à adesão, sublinhamos a necessidade de a escola formal, em seus diversos níveis, buscar formas de organização consentâneas com as transformações em curso no universo do trabalho, onde o conhecimento transformou-se, em poucas décadas, no principal fator de produção. Na realidade, o cenário subjacente às formas de organização do trabalho escolar, das séries iniciais às universidades, é predominantemente cartesiano, compatível com as concepções tayloristas sobre a divisão do trabalho, mas fora de sintonia com os paradigmas de emergentes, onde sobressai a idéia de rede como metáfora para as articulações entre o indivíduo e a sociedade. A importância da consideração simultânea dos diversos níveis em que as transformações paradigmáticas estão ocorrendo foi bem destacada por ELIAS (1994), para quem *as estruturas da psique humana, as estruturas da sociedade humana e as estruturas da história humana são indissociavelmente complementares, só podendo ser estudadas em conjunto. (p.38)* É necessário, no entanto, elaborar instrumentos para lograr esta sintonia, o que não significa, naturalmente, uma inspiração de mão única, onde as escolas devem aprender com as empresas: a dupla mão de direção é um fato perceptível no próprio discurso dos administradores, onde diversos livros sobre a idéia de *learning organizations* têm vindo a lume nos últimos anos. Em vários deles, há capítulos inteiros dedicados à caracterização do papel do novo dirigente comparando-o com o de um professor: aquele que orienta, que estimula a criação, a participação, a busca do "bem comum", da realização dos projetos "coletivos".

Os aspectos obscuros da transposição das preocupações com a qualidade para o universo educacional são, no entanto, numerosos, começando pela indispensável distinção entre os significados dos projetos empresariais e educacionais, tarefa que pressupõe o reconhecimento tácito da maior complexidade dos projetos educacionais, em razão, sobretudo, da abrangência e da amplitude dos valores envolvidos.

Além disso, quando se consideram os principais postulados usualmente apresentados pelos teóricos da qualidade, surgem dificuldades ineludíveis de cunho semântico, sem cujo enfrentamento tais pressuposições não passam de *slogans* inconseqüentes. Alguns exemplos foram examinados, sobretudo os que fundamentam a corrente conhecida como *Total Quality Management (TQM)*, ou Gestão da Qualidade Total, sinteticamente descritos por BENSIMON (1995): *Quality is defined by customer satisfaction; Quality is the reduction of the variation; Quality must be measurable.*

Neste sentido, nas análise realizadas, foram destacadas a torção semântica a que tem sido submetida a idéia de cliente, transmutado de vassalo em senhor e inaceitavelmente confundido com o cidadão ou com o "próximo" em sentido bíblico; uma interpretação da idéia de cidadania, que busca transcender a ciência, a consciência e a vigilância quanto a garantia dos direitos humanos, associando-a à noção de projeto e a da articulação entre projetos individuais e coletivos; a maneira excessivamente simplificada como tem sido tratada pelos teóricos da qualidade uma questão tão fecunda e relevante como é a das relações que se estabelecem entre os elementos do par qualidade/quantidade, onde o recurso a indicadores quantitativos tem ocorrido sem a concomitância de uma atitude hermenêutica apurada e desprovida de preconceitos.

Para concluir, convém insistir em um último ponto: a busca da qualidade na educação encontra-se diretamente relacionada com a questão da avaliação educacional, tanto dos indivíduos quanto das instituições, e em última instância, com a idéia de valor, com a arquitetura dos valores acordados. A aproximação entre o mundo do conhecimento e o mundo do trabalho, com a transformação do conhecimento no principal fator de produção, tem trazido à cena uma série de problemas novos que ainda carecem de uma análise mais acurada. Naturalmente, não se pode tratar o conhecimento como um automóvel, um sabonete, ou qualquer outro produto do período industrial; trata-se de um "bem" que, quanto mais eu "vendo" ou "dôo" ou "empresto", mais ele permanece comigo e aumenta de "tamanho". O valor do conhecimento não pode ser determinado com base nos mesmos princípios que orientam a fixação dos preços das mercadorias em sentido in dustrial, onde a escassez na "matéria-prima" ou nos produtosdetermina o aumento no valor dos mesmos: um conhecimento "sonegado", ou que se omite, que se esconde, que não se compromete, longe de ter seu valor aumentado, rapidamente estiola-se e perde o sentido.

A atenção insuficiente à necessidade de se repensar a idéia de valor pode estar na raiz da maior parte dos problemas críticos, presentes nas transformações em curso na sociedade contemporânea. Um sintoma de tal fato são os profundos desequilíbrios registrados em distribuições de todas as estirpes - renda, terras, conhecimento, trabalho, entre outros. Nunca se produziu tanta riqueza, nunca a concentração da mesma foi tão notável, tanto em países ricos como em países pobres. Como mero exercício aritmético, somando-se o PIB de todos os países do mundo, obtém-se algo em torno de 22 trilhões de dólares; dividindo-se pela população do planeta, cerca de 5,5 bilhões de pessoas, obtém-se a média de 4 mil dólares, que é superior ao PIB *per capita* brasileiro. Em média, o mundo vai bem... Entretanto, 1% dos americanos possui cerca de 40% da renda nacional dos EUA; a mesma porcentagem é responsável por 18% da renda dos ingleses. No Brasil, a 1% dos mais ricos corresponde cerca de 14% da renda nacional; os 10% mais ricos possuem cerca de 50% de tal renda, sendo que os 50% mais pobres dispõem de apenas cerca de 10%, e os 10% mais pobres detêm menos de 1% da mesma renda. Ainda no Brasil, no que se refere à distribuição de terras cultiváveis, 3 milhões de pequenos agricultores utilizam 10 milhões de hectares de terra, enquanto os 50 mil maiores controlam 165 milhões de hectares, dos cerca de

180 milhões de hectares aproveitáveis para a agricultura. No mundo inteiro, no trabalho, é crescente o número de pessoas excessivamente ocupadas, trabalhando um número crescente de horas semanais, ao mesmo tempo em que os números do desemprego são cada vez mais assustadores. Em todos esses desequilíbrios, encontra-se subjacente uma compreensão insuficiente daquilo que efetivamente vale, ou da idéia de valor.

No período industrial de que estamos de saída, a tarefa de uma distribuição mais equitativa de bens materiais revelou-se extremamente difícil de realizar e a estreiteza da fatia dos valores envolvidos tornou-se responsável pela situação desconfortável em que nos encontramos. A busca da equivalência estrita nas trocas e o elogio acrítico da qualidade nos processos de produção somente poderiam conduzir até este ponto: se o único valor é o econômico e tudo tem que funcionar da melhor maneira possível, quem tem mais cada vez tem mais, quem tem menos cada vez tem menos - trabalho, renda, terra, tudo.

No limiar de um novo período, onde o conhecimento, com suas peculiaridades em relação aos bens materiais ocupa o centro das atenções, onde aprender a aprender é o que importa, a tarefa da "distribuição" seguramente é muito mais complexa e o instrumento efetivo para realizá-la é a educação. Para isso, no entanto, é fundamental uma reconstrução na idéia de valor, incorporando muitos dos valores humanos associados aos direitos e à formação do cidadão, como a solidariedade, a tolerância, o respeito pela diversidade, pelas diferenças nos projetos. É néscia toda idéia de qualidade na educação que se mantém tributária dos valores hegemônicos no período industrial. A obviedade do apelo à busca da qualidade não pode ser obscurecida pela aridez teórica dos que confundem valor e preço, como tão bem frisou o poeta, na epígrafe deste trabalho.

3

Sobre a idéia de projeto

Celui-là seul qui a vocation et volonté de faire naître le futur peut voir la vérité concrète du présent.
K. AXELOS et J. BOIS, apud MIEGGE, 1989, p.162

Introdução

A palavra ***projeto*** costuma ser associada tanto ao trabalho do arquiteto ou do engenheiro quanto aos trabalhos acadêmicos ou aos planos de ação educacional, política ou econômica. Em todos os casos, dois são os ingredientes fundamentais sem os quais não se pode ter senão uma pálida idéia do significado de tal palavra: *futuro (antecipação) e abertura (não-determinação).* Como esboço, desenho, guia da imaginação ou semente da ação, um projeto significa sempre uma antecipação, uma referência ao futuro. Distingue-se, no entanto, de uma de previsão, uma prospectiva ou uma conjectura, que são, muitas vezes, efectivamente, representações antecipadoras, mas que não dizem respeito, de modo algum, a um futuro a realizar, anunciando simplesmente acontecimentos susceptíveis de ocorrer, ou uma previsão sobre evoluções possíveis do real passíveis de serem consideradas na elaboração das estratégias dos atores, mas que não se constituem necessariamente em realizações dos mesmos. Por outro lado, uma concepção rigorosamente determinística do real elimina completamente a idéia de projeto; o segundo elemento constituinte de tal idéia é a permanente abertura para o novo, para o não-determinado, para o universo das possibilidades, da imaginação, da criação. As palavras de BARBIER (1994, p.52) sublinham de modo preciso o que se afirmou anteriormente: "*O projeto não é uma simples representação do futuro, do amanhã, do possível, de uma ideia, é o futuro a fazer, um amanhã a concretizar, um possível a transformar em real, uma ideia a transformar em acto.*" Sem dúvida, não há projeto sem futuro e, simetricamente, sendo a realidade uma construção humana, pode-se afirmar também que não há futuro sem projeto.

Etimologia

Etimologicamente, a palavra **projeto** deriva do latim *projectus,* particípio passado de *projícere,* algo como um jato lançado para frente; relacionando-se diretamente com outras palavras igualmente fecundas, como **sujeito**, derivada de *subjectus/subjícere* (lançado de dentro, de baixo), ou **objeto**, de *objectum/objícere* (lançado diante, exposto), ou ainda, **trajeto**, de *trajectus/ trajectare* (passagem através de). Todas têm um significado relativamente ambíguo, que talvez seja mais explícito em *sujeito*, que tanto designa o que é submetido à ação, quase equivalente a objeto, quanto o que submete, o que realiza ação; entretanto, também *objeto* pode nomear tanto o objetivo de uma ação de transformação do real quanto a porção da realidade na qual tal ação se efetua; *trajeto* pode nomear, igualmente, o caminho já percorrido ou o caminho a percorrer. No caso do *projeto*, a palavra designa igualmente tanto aquilo que é proposto realizar-se quanto o que será feito para atingir tal meta; as palavras de LICHNEROWICZ (apud BARBIER, 1993, p. 57) são elucidativas: "*Se no século XVII o projecto é simplesmente uma ideia de acção, bem depressa, no decurso do século XVIII, a palavra assume o sentido de plano que visa realizar essa ideia.*" Esta relativa ambigüidade, longe de constituir-se em problema a ser superado, situa-se na raiz de tais noções, abrindo caminho para o estabelecimento de fecundas articulações entre os elementos de pares como sujeito/objeto, interior/exterior, forma/conteúdo, individual/social.

Projeto/desenho

Para compreender as relações entre as idéias de projeto e de desenho, é interessante observar o que se passa na língua inglesa, onde *design* parece representar mais fielmente a idéia de projeto do que *project*. De fato, à palavra *project* parece associar-se muito facilmente certa conotação técnica, como no caso das perspectivas, ou das projeções cartográficas, enquanto a palavra *design* mantém uma relação mais direta com as idéias de plano, concepção, criação, esboço, desenho. O próprio SIMON, ao escrever "As Ciências do Artificial" (1969), denominou o capítulo em que trata da "ciência do projeto" de "The Science of Design". Mais modernamente, sobretudo após a Revolução Industrial, a palavra *design* teve seu significado bastante enriquecido, aproximando as idéias de estilo, criação, concepção, e as de cópia, de padrão de reprodutibilidade, no terreno da estética industrial. Já faz algum tempo que o *designer* é um profissional indispensável numa equipe de projetos industriais, sendo sua atuação mais diretamente associado à criação de formas, `a idéia de criação, ou ainda, à própria concepção de inteligência. Muitos profissionais da indústria endossariam as palavras de Frank PICK (1878-1941), um ex-Presidente da British Design and Industries Association: "*Good design is intelligence made visib*le". De modo geral, no entanto, a importância especial da idéia de *design* enquanto projeto em seu sentido mais legítimo deve ser associada à singular mediação realizada entre a criação individual e a intenção de reprodução, de imersão no imaginário coletivo.

Projeto e inteligência

A capacidade de elaborar projetos pode ser identificada como a característica mais verdadeiramente humana; somente o homem é capaz não só de projetar como também - e primordialmente - de viver sua própria vida como um projeto. Marx recorreu à idéia de projeto para distinguir o trabalho humano da atividade de uma aranha ou das construções de um castor. Mais recentemente, nos debates sobre o significado da inteligência e a possibilidade de uma "Inteligência Artificial", novamente a capacidade de ter "vontades", iniciativas, de criar, de cultivar sonhos ou ilusões, em outras palavras, de ter projetos, tem sido considerada a característica humana distintiva, tanto em relação aos animais como em relação às máquinas. Um computador, por mais sofisticação que venha a ostentar, ainda que possa vir a realizar certas operações similares às realizadas pela mente humana, jamais alimentará sonhos ou ilusões, nunca será capaz de ter projetos "pessoais". Julián MARÍAS sintetizou tal caracterização com maestria ao afirmar: *"La realidad humana es primariamente pretensión, proyecto" (MARÍAS, 1988, p.38).* Sem projetos, não há vida, em sentido humano; excluindo-se o ponto de vista religioso, a morte é o fim de todos os projetos. Desde a idéia original de religação do ser humano com Deus, as religiões, em seus múltiplos avatares, buscam projetar uma outra vida, extraterrena, ou fazer o homem projetar-se até ela.

Projeto e ilusão

A idéia de projeto relaciona-se diretamente com a de ilusão. Embora em sua conotação mais freqüente, em várias línguas, a palavra ilusão ostente sua face negativa, caracterizando-se como irrealidade, engano ou erro, em quase todas, tal palavra apresenta outra face, de conotação positiva, associada naturalmente às idéias de imaginação, de fantasia, de utopia e de projeto. Em língua portuguesa, por exemplo, poucos são os que se orgulham de estar "desiludidos" a respeito de qualquer tema; quase todos esperam; portanto, estar "iludidos", ou "ter ilusões". Inúmeras canções populares registram tal dimensão positiva da idéia de ilusão, associando-a diretamente à idéia de felicidade. Em espanhol, estar "ilusionado" tem um sentido afetivamente positivo, como sublinha MARIÁS (1985) em seu notável *Breve Tratado de la Ilusión*. Etimologicamente, a palavra deriva do latim, onde o substantivo *illusio* procede do verbo *illudere*, cuja forma simples é *ludere*, associada a *ludus*, que quer dizer jogo. Convém sublinhar que a palavra *ludus* associa-se a jogos que envolvem ação, diferenciando-se de *iocus*, que pode ser um jogo verbal; embora tal distinção tenha paulatinamente se matizado, a associação radical entre a ilusão e a ação pode contribuir para a compreensão das conexões entre jogos, projetos e ilusões.

Projeto e jogo

A comum associação entre a vida em sentido humano e um jogo já foi explorada de modo instigante e fecundo em diferentes perspectivas por autores como CAILLOIS (1986), HUIZINGA (1972) ou BALLY (1958). A caracterização do homem como "o animal que joga", que joga durante toda a vida e que faz de sua própria vida um jogo encontra-se presente em todos eles, fazendo coro com o poeta SCHILLER (1759-1805), que afirmara: *"Sólo juega el hombre cuando es hombre en todo el sentido de la palabra, y es plenamente hombre sólo cuando juega"* (apud BALLY, 1958, p.8). No que se refere à relação entre a ilusão e o jogo, é possível afirmar-se que, para os indivíduos em geral, ter ilusões significa estar no jogo, estar desiludido significa desistir de jogar. O fascínio exercido pelos diversos tipos de jogos em todas as épocas ou culturas, que se manifesta tanto no desempenho dos jogadores ou atletas como no entusiasmo dos torcedores, é um indício notável da perenidade e da importância dos jogos, individuais ou coletivos, nos esportes como nas loterias. No caso específico das loterias, a tripla associação entre jogos, ilusões e projetos resulta mais explícita: ninguém compra um bilhete sem a expectativa ilusória (ou "ilusionante") de vir a ganhar, e ninguém pretende ganhar senão para realizar seus projetos pessoais. Assim, comprar um simples bilhete em geral significa, de modo simbólico, uma declaração de vida, um atestado de "estar no jogo", um verdadeiro exercício da capacidade de projetar. Obviamente, tal declaração simbólica tem aqui apenas uma função indiciária; desvinculada de formas efetivas de projetos, estruturados a partir de uma arquitetura de valores, e que visem a uma ação transformadora do real, tal simbolismo tem a eficácia de um furo n'água.

Projeto e utopia

A dimensão ilusória do projeto aproxima tal noção da idéia de utopia. Convém, em rápidas palavras, registrar algumas distinções importantes. As utopias são como formas radicalizadas de projetos, que visam, em geral, à comunidade humana em seu conjunto, não sendo delimitadas geográfica ou temporalmente. Realizam-se em lugar nenhum, em tempo algum, não tendo o compromisso com o futuro, característico da idéia de projeto. A palavra origina-se do grego: *ou* (não) + *topos* (lugar). Foi criada pelo chanceler inglês Thomas Moore, como título de seu livro sobre política, indicando o nome de um país inexistente, meramente imaginário. Por esta via analógica, seu significado costuma ser associado ao de coisas impossíveis de se realizar, ou a desejos vãos. Entretanto, as utopias decorrem sempre de um modo imaginário racional, contrapondo-se, até certo ponto, ao caráter tópico ou à fluidez antecipatória dos projetos, que podem, às vezes, comprometê-los demasiadamente com a ação ou descomprometê-los com a perspectiva da totalidade. Por outro lado, é justamente o caráter operatório dos projetos que os distingue com mais nitidez das utopias: enquanto um projeto sempre se apresenta munido de elementos operatórios que instrumentam as ações transformadoras e apontam no sentido de sua realização, uma utopia não considera sequer a discussão sobre os caminhos ou a possibilidade de sua realização. Enquanto um projeto nasce, em geral, de um esboço, de um desenho que funciona como um verdadeiro anteprojeto, uma utopia é como uma imagem que não aspira à materialização, é um autêntico antiprojeto. . Não obstante tais características, as utopias desempenham um papel fundamental na germinação dos projetos e uma eventual renúncia às utopias poderia significar, simbolicamente, uma perda de vontade de transformar globalmente a realidade, de construir a história. Os totalitarismos de todas as cores consistem sempre no aniquilamento das utopias, de todos os sonhos de sociedades diferentes da instalada.

Projetos e educação

Utopias, projetos, valores constituem ingredientes fundadores da idéia de educação. Derivada do latim - *educatio,* do verbo *educare* (instruir, fazer crescer, criar), próximo de *educëre* (conduzir, levar até determinado fim) -, a palavra educação sempre teve seu significado associado à ação de conduzir a finalidades socialmente prefiguradas, o que pressupõe a existência e a partilha de projetos coletivos. Por outro lado, o combustível essencial para o desenvolvimento da personalidade de cada indivíduo não é senão o espectro de projetos que busca desenvolver ao longo da vida, e que vai constituir as "trajectórias vitais" que o caracterizam, na feliz expressão de MARÍAS (1988, p.268). Assim, em todas as épocas ou culturas, o *leitmotiv* da educação sempre foi a busca da dupla construção e de uma simbiose, de um entrelaçamento, de uma fecundação mútua entre projetos individuais e projetos coletivos. Tais projetos são estruturados a partir de uma arquitetura de valores socialmente negociados e acordados, na busca do delicado equilíbrio entre a conservação e a transformação. Neste sentido, a educação sempre será tributária de idéias utópicas, sempre será motivada pelo que é possível imaginar e não apenas pelo que é possível imaginar como possível; nunca poderá resumir-se apenas a utopias, mas jamais poderá prescindir delas. Freqüentemente inspirados por elas, os projetos educacionais buscam as condições de operacionalidade necessárias para as fecundações e/ou transformações prefiguradas.

Projetos e valores

Para compreender o fato de que projetos e valores desempenham papéis de protagonistas nos processos educacionais em sentido amplo, convém observar o que costuma ser caracterizado como "crise" na educação, nos mais diferentes países, nas mais variadas épocas. Muitas vezes, tais crises têm sido examinadas numa perspectiva técnica, que as associam à carência de recursos ou de competência técnica em conteúdos específicos. Ainda que, em diferentes lugares, as razões pareçam muito distintas, em todos os casos, crise na educação significa sempre ausência ou transformação radical nos valores, ausência ou transformação radical nos projetos, tanto individuais quanto coletivos. Em tempos recentes, um exemplo marcante de transformações nos projetos e valores ocorreu em

Portugal, após a Revolução dos Cravos, em 1974. Outro exemplo notável teve lugar na Espanha, após a ascensão do governo socialista, em 1985. Não se pretende aqui estabelecer qualquer comparação entre os períodos que antecederam e sucederam as citadas transformações, o que poderia caracterizar uma interferência indevida em assuntos internos aos países citados; registra-se apenas a ocorrência indubitável de uma transformação nos valores socialmente acordados, articulados para a realização dos novos projetos em curso, tanto em nível individual quanto em nível coletivo. Em nível individual, já se pretendeu que a satisfação das necessidades básicas do ponto de vista biológico ou econômico deveria ser a meta precípua dos governos. Hoje, parece claro que tais satisfações, desvinculadas da possibilidade de uma abertura para sonhos, fantasias, projetos individuais, conduz a uma espécie de morte da personalidade tanto quanto a carência de alimentos conduz à morte física. Em nível social, a ausência de projetos coletivos costuma constituir-se em um problema crítico, responsável pelo surgimento de conflitos, mesmo em sociedades industrializadas, como bem caracterizou RICOUER em "Interpretação e Ideologias" (1977). Nos países em desenvolvimento, muitas vezes, simulacros de projetos ganham corpo a partir da aspiração, quase sempre ingênua, de copiar os países desenvolvidos; nesses, a ausência de matrizes para serem copiadas já produziu, em passado relativamente recente, certas simulações de rompimento com o *statu quo,* certas marginalidades fictícias facilmente absorvíveis pelo sistema, como a dos movimentos *hippies* dos anos 60. No entanto, a saída para todas as crises, tantas vezes perquirida em universos de significações que se restringem ao político/econômico, passa, inelutavelmente, pelos espaços do conhecimento, por uma redefinição de projetos e valores, pela educação em sentido amplo.

O caso brasileiro

No caso específico da educação brasileira, a ausência de um projeto coletivo tem sido confundida amiúde com a inexistência de algo como um plano nacional de educação, bem como de uma legislação adequada. A atual Constituição (1988) prevê, inclusive, a existência formal de tal plano, que orientaria diretamente as ações educacionais, e um projeto de Lei de Diretrizes e Bases da Educação Nacional tramita há mais de sete anos no Congresso Nacional, subjazendo certa expectativa de que a solução de muitos dos problemas educacionais decorrerá de sua aprovação. Naturalmente, não se pode duvidar da necessidade da existência de planos de ação, não só para a área da educação, como também para a da saúde, para a da habitação etc., bem como de uma legislação atualizada, que constitui a dimensão objetiva dos limites das ações políticas. Entretanto, a dependência tão direta entre projetos e planos de ação, entre planos e leis que viabilizem sua implementação não parece natural nem conveniente. No caso da educação, carece-se muito mais de uma carta de princípios gerais, uma espécie de tábua de valores fundamentais, amplamente acordados com as entidades mais representativas da sociedade, sublinhando os valores maiores que deveriam orientar os projetos e as ações educacionais, do que de planejamentos excessivamente minuciosos ou de alterações radicais na legislação em vigor. Alguns exemplos de tais valores, quase sempre consensuais no nível do discurso mas raramente presentes na implementação das ações, são a autonomia das unidades escolares, que não pode limitar-se a aspectos financeiros, e a valorização da função docente, que não se esgota na questão salarial mas que não pode esquecê-la. Sem o enraizamento em valores como esses, os projetos mais bem intencionados terminam por perder toda a potencialidade transformadora, tendendo a confundir-se com planos de ação de cunho meramente burocrático, ou a tangenciar o terreno jurídico, onde correm o risco de confundir-se com leis, cristalizando-se ou tornando demasiadamente rígido o que deve ser, por sua natureza, flexível, adaptável, variável.

O caso português

A educação portuguesa, em tempos recentes, constitui um exemplo elucidativo para a correção dos desvios que acima se pretendeu apontar. A Lei de Bases do Sistema Educativo (LBSE), formulada no período posterior à Revolução dos Cravos (1974), registra, em seu Art. 2º, que a educação deve organizar-se tendo em vista "*o desenvolvimento pleno e harmonioso da personalidade dos indivíduos*" e a incentivar "*a formação de cidadãos livres, responsáveis, autónomos e solidários.*" Em seu Art. 3º, explicita os princípios de organização do sistema educacional, que deve ter em vista "*contribuir para a realização do educando, através do pleno desenvolvimento da personalidade, da formação do carácter e da cidadania*", assim como "*assegurar o respeito à diferença, mercê do respeito pelas personalidades e pelos* ***projetos individuais de existência.***" A referência direta ao respeito aos projetos individuais constitui um indício importante da preocupação em valorizar o ser humano, tomando-o como ponto de partida para as ações educativas, ao mesmo tempo em que se busca uma valorização da solidariedade, da tolerância, elementos constituintes da noção de plena cidadania, evidenciando, portanto, um equilíbrio na dupla preocupação de formação pessoal e social.

A idéia de integração entre a formação pessoal e a social, entre o desenvolvimento das personalidades individuais e o pleno exercício da cidadania tem sido objeto de estudos extremamente fecundos, com origem em diferentes áreas do conhecimento, como os de Norbert ELIAS, em "A Sociedade dos

Indivíduos" (1994), no terreno da sociologia; os de Marvin MINSKY, em "A Sociedade da Mente" (1985), no terreno da psicologia cognitiva; ou os de Pierre LÉVY, em "L'Intelligence Collective" (1994), no terreno da epistemologia. Entretanto, sua inserção na legislação educacional portuguesa na forma consciente, direta e equilibrada, visando não apenas a objetivos estéticos ou meramente retóricos, é um fato alvissareiro para o futuro da educação nesse país. Tais preocupações parecem conduzir naturalmente o debate sobre as questões educacionais para a elaboração da idéia de projeto, e em particular, para a construção da noção de *projetos vocacionais*. Em FONSECA (1994) pode ser encontrado interessante material a esse respeito, destacando-se a análise de como os projetos de vida são construídos na interface individual/social, sempre supondo uma intervenção conjunta de elementos afetivos, cognitivos e sociais. Cada projeto de vida tende a caracterizar-se como a realização de uma vocação, de um apelo, de um chamamento vindo, a um tempo, de dentro e de fora, representando o mais harmonioso encontro possível entre as aspirações individuais e os interesses coletivos. A idéia de vocação aqui evocada pouco tem em comum com as perspectivas religiosas ou com os determinismos inatistas, aproximando-se muito mais da perspectiva profissional, ou da escolha "madura" de uma atividade profissional. As palavras de FONSECA podem servir para explicitar mais as considerações supra-referidas, ao mesmo tempo em que aproximam as idéias de vocação e de projeto: *"A concepção de maturidade vocacional adquire o seu pleno significado inserida num processo que valoriza a noção de projeto como elemento motor e significante das condutas humanas. O projeto profissional, em particular, surge como um suporte concreto que favorece a elaboração de projetos em geral e que não se limitam ao mundo do trabalho."* (1994, p.61). É essencial, portanto, que a escolha profissional possa ser inserida em um cenário mais amplo, onde o elemento organizador parece ser justamente o projeto de vida de cada ser humano.

Projetos, vocação

Tendo por base a presente perspectiva, onde a idéia de projeto representa o fio condutor para a organização das ações, a educação tende a transformar-se, mais do que nunca, no elemento vital da dinâmica social, tanto na alimentação dos tecidos que compõem e integram a complexa teia de inter-relações indivíduos/sociedade, quanto como fonte de energias necessárias para as transformações a serem implementadas. Novamente aqui as palavras de FONSECA são esclarecedoras: *"a orientação vocacional deve permitir aos alunos a elaboração de um projeto pessoal de existência que lhes permita exprimir necessidades, aptidões, interesses e valores individuais e ultrapassar constrangimentos diversos, susceptíveis de limitar o leque de opções escolares e profissionais à sua disposição, como o sexo, a origem socioeconómica ou dificuldades de aprendizagem" (1994, p. 67)*. A própria organização das atividades didáticas deve ser encarada a partir da perspectiva do trabalho com projetos. De fato, respostas a perguntas tão freqüentemente formuladas pelos alunos, em diferentes níveis, como "Para que estudar Matemática? E Português? E História? E Química?" não podem mais ter como referência o aumento do conhecimento ou da cultura, ou ainda, mais pragmaticamente, a aprovação nos exames. A justificativa dos conteúdos disciplinares a serem estudados deve fundar-se em elementos mais significativos para os estudantes, e nada é mais adequado para isso do que a referência aos projetos de vida de cada um deles, integrados simbioticamente em sua realização aos projetos pedagógicos das unidades escolares. As palavras de ABREU reiteram de modo singular o que acima se afirmou: *"É na percepção clara dos estudos como meios ou activi-*

dades intermediárias úteis à concretização de projetos de vida que repousa a atribuição de sentido e de valor instrumental à escola e aos estudos, que aparecem assim com interesse mobilizador" (apud FONSECA, 1994, p.73).

Projetos, ciências, profissões

Uma última reflexão sobre a emergência e a crescente relevância da idéia de projeto, tanto como representação das projeções, das aspirações dos indivíduos quanto como instrumento adequado à organização das práticas sociais, sendo a civilização atual, inclusive, caracterizada como uma "civilização de projetos" (LELONG, apud BARBIER, 1993, p.20): a despeito do aparecimento de tantos trabalhos nos últimos anos que situam a noção de projeto no centro das atenções, em muitos pensadores o interesse pelo tema é bem mais antigo. BACHELARD, por exemplo, ao caracterizar o universo científico, em um notável trabalho publicado pela primeira vez em 1934, escreveu, incisivo, quando ainda se dispendia muita energia em discussões sobre os papéis relativos do sujeito e do objeto na elaboração do conhecimento: *"Acima do sujeito, além do objeto imediato, a ciência moderna se funda sobre o projeto. No pensamento científico, a meditação do objeto pelo sujeito toma sempre a forma do projeto"* (BACHELARD, 1968, p.18). Por outro lado, em um trabalho seminal já citado anteriormente neste texto ("As Ciências do Artificial", 1969), Herbert SIMON procura caracterizar o que denomina "a ciência do projeto", destacando que: *"Os engenheiros não são os únicos projetistas profissionais. Projeta quem quer que conceba cursos de acção com o objetivo de transformar situações existentes em situações preferidas; a actividade intelectual que produz artefactos materiais não é fundamentalmente diferente da que prescreve remédios a um doente ou da que concebe um plano de vendas para uma companhia, ou uma nova política de bem estar social para um Estado. Assim concebido, o projeto é o núcleo de todo o ensino profissional; é a marca principal que distingue as profissões das ciências. Tanto as escolas de engenharia como as de arquitetura, comércio, educação, direito e medicina se ocupam centralmente do processo do projeto"* (SIMON, 1981, p.193). Assim, na ciência ou nas profissões, no universo do conhecimento ou no do trabalho, a idéia de projeto há muito sobressai no círculo restrito das noções verdadeiramente iluminadoras, de caráter enciclopédico, transcendendo as fronteiras das disciplinas constituídas e das temáticas supostamente especializadas. Atualmente, mais acentuadamente ainda do que no momento registrado por BACHELARD, o trabalho acadêmico e as atividades de pesquisa em todas as áreas do conhecimento organizam-se precipuamente sob a forma de projetos. No caso da educação básica, o trabalho com projetos ainda não tem o mesmo caráter hegemônico, mas é de se esperar que também venha a tê-lo, sobretudo em decorrência da intenção - esta sim, de natureza hegemônica - de aproximar e associar as atividades de ensino e de pesquisa, possibilitando ao professor desenvolver um trabalho de pesquisa, qualquer que seja o nível de ensino em que atue. A idéia de projeto é absolutamente fundamental, neste sentido.

Conclusão

Para concluir, convém sublinhar o que aqui e ali já se registrou: tanto quanto o ar e os alimentos são imprescindíveis para a manutenção da vida em sentido biológico, os projetos o são para a existência de uma vida plena, em sentido humano. Continuamente, os projetos nos alimentam, nos impulsionam para a frente, nos mantêm vivos. As utopias constituem inspirações para projetos, contribuindo para uma articulação fecunda entre aspirações individuais e coletivas. Os totalitarismos de todas as cores e matizes simplificam exageradamente o ser humano, eliminando as utopias e limitando os projetos individuais a um espectro demasiadamente estreito. No universo econômico, um excesso de planificação pode contribuir para uma atrofia dos projetos individuais, para um aprisionamento das ilusões. No terreno educacional, uma necessária semeadura de valores é imprescindível para a produção de projetos legítimos. Sem o suporte de uma arquitetura de valores, a capacidade de projetar pode conduzir a desvios ou a becos sem saída. Parafraseando Goya, para quem "os sonhos da razão produzem monstros", é possível afirmar-se que projetos sem valores podem resultar monstruosos.

4

Sobre a idéia de tolerância

Não faças ao outro aquilo que não gostarias que fizessem a ti.
(Confúcio)

Não faças aos outros aquilo que gostarias que fizessem a ti: eles podem não gostar.
(Bernard Shaw)

Enseña el Cristo: a tu prójimo
amarás como a ti mismo
mas nunca olvides que es otro.
(Antonio Machado)

Introdução: a virtude da tolerância

Assim como a *república platônica* considerou a *justiça* a virtude fundamental, a *monarquia* entronizou a *lealdade* ao rei como a virtude máxima, a *burocracia* cultuou a *eficiência* como bem supremo, o *socialismo* e o *liberalismo* erigiram-se com base na exploração de uma idéia de *fraternidade* e de *liberdade*, respectivamente, as *democracias modernas* não se instituem sem o suporte e o esclarecimento da idéia de *tolerância.*

Trata-se, ao que tudo indica, de uma virtude suscetível de muitas incompreensões ou simplificações, desde a *boutade* do poeta francês Paul Claudel (1868-1955) - *"Tolerância? Existem casas para isso..."* - até sua identificação com a máxima variação permitida em relação a um padrão previamente fixado, como é comum no âmbito estrito das medições em sentido físico.

No que se segue, examinaremos a idéia de tolerância em sentido amplo, procurando sublinhar alguns de seus componentes fundamentais, responsáveis pela sua caracterização como uma virtude democrática que deve ser permanentemente cultivada, especialmente no espaço escolar. Iniciaremos pela expressão aparentemente menos controversa da idéia de tolerância: o reconhecimento do outro.

Tolerância: eu e os outros

Sem dúvida, a tolerância se instaura a partir do reconhecimento da existência do outro, que além de ocupar um espaço, tem direitos e deveres, como eu, mas é essencialmente diferente de mim. Estas palavras de aparência simples revelam-se continuamente enganadoras, desde a compreensão do "outro", até o significado do "reconhecimento".

Em sua "Lei Fundamental da Razão Pura Prática", conhecida como "imperativo categórico", Kant estabelecera: *"Age de tal modo que a máxima de tua vontade possa valer-te sempre como princípio de uma legislação universal"*. Tal princípio, consentâneo ao ensinamento cristão *"Ama ao próximo como a ti mesmo"*, ou, em sua forma negativa, ao aforismo confuciano em epígrafe, pode acolher igualmente a pressuposição de uma simetria na relação eu/tu que, em muitos casos, significa simplesmente uma limitação da tolerância, o desconhecimento do outro, ou mesmo, o germe da intolerância. As epígrafes com a aguda observação de Bernard Shaw e o poema/lembrete de Antonio Machado parecem suficientes para sublinhar a necessidade da assimetria na relação com o outro. O outro não sou eu, pode não gostar do mesmo que eu gosto; importa jamais esquecer isto.

De fato, não basta o conhecimento da existência do outro, que se realiza no âmbito da razão prática, mas onde eu sou o sujeito e o outro permanece como objeto. Os navegantes espanhóis tiveram conhecimento da existência dos "índios", ainda que sua atitude em relação aos mesmos tenha se aproximado minimamente da idéia de tolerância aqui analisada. Além do conhecimento, é necessário compreender o outro, o que exige a disponibilidade para colocar-se em seu lugar e enriquecer a perspectiva pessoal com a percepção das relações que se estabelecem do ponto de vista do outro. Tal atitude compreensiva, no entanto, ainda é insuficiente para a caracterização de uma atitude tolerante, em razão justamente da expectativa de simetria que freqüentemente subjaz. A compreensão do outro costuma ocorrer por meio da assimilação de suas características pelo referencial daquele que compreende, como se se realizasse certa tradução de seus horizontes na linguagem compreensiva. A tolerância, no entanto, deve fundar-se em outra atitude, que pressupõe o respeito, o reconhecimento.

A *assimetria* é, portanto, um elemento imprescindível para o reconhecimento do outro, para o respeito a sua perspectiva, o que caracteriza efetivamente a idéia de tolerância. Não se trata de dissolver o outro em minhas análises, de situá-lo em meu cenário, de traduzi-lo em minha linguagem, de apreendê-lo em minhas categorias; trata-se de respeitá-lo como outro, de reconhecer a legitimidade do cenário que vislumbra, diverso do meu, de colocar-me em disponibilidade para a comunicação com ele ainda que continuemos a falar línguas diferentes, ou a alimentar diferentes projetos.

O respeito pela diversidade de cenários ou projetos, tanto em termos individuais quanto no plano cultural ou coletivo não pode elidir, no entanto, algumas dificuldades teóricas bastante renitentes, diretamente relacionadas com tais questões. Elas incluem, por exemplo, certa identificação indevida entre as idéias de diferença e de desigualdade, o que conduz a inevitáveis paradoxos, ou ainda, a legitimação de um relativismo radical, no que se refere aos valores, o que fatalmente condena a idéia de tolerância a semear seu próprio fim: tolerar incondicionalmente os intolerantes significaria eventualmente permitir a destruição dos próprios tolerantes.

Tolerância: diferença e desigualdade

Não é uma tarefa simples, do ponto de vista teórico, a assimilação da perspectiva da radical diversidade humana, não apenas no terreno biológico, mas sobretudo em termos dos projetos pessoais de existência. Como registra Ortega Y Gasset, em sentido humano, *"Vivir es tener que ser unico"*. Tal infinita diversidade, no entanto, não pressupõe uma necessária relação de ordem, ou uma hierarquia entre equivalências, como a muitos, muitas vezes, parece natural.

De fato, cada ser humano pode ser caracterizado por um amplo espectro de habilidades, de interesses, de competências, freqüentemente associados à idéia de uma inteligência individual, diretamente associada à capacidade de ter vontades, de estabelecer metas, de criar, de sonhar, de ter projetos. Distintos indivíduos constituem-se como diferentes espectros, a serviço de diferentes projetos de vida, e em múltiplos sentidos tais espectros são incomparáveis: é impossível estruturá-los em uma relação de ordem, distinguindo o melhor, o pior, ou estabelecendo uma hierarquia de valores.

Em termos coletivos, portanto, a diversidade é a regra, e a norma é saber-se lidar com as diferenças, tanto individuais quanto entre grupos. Toda hierarquização resulta de uma redução no espectro de valores, de uma simplificação que deve ser interpretada dentro de seus limites instituintes. É possível classificar e ordenar diferentes indivíduos quanto à altura, o peso, o pendor ou o interesse por disciplinas específicas, mas nunca globalmente, enquanto seres humanos, enquanto pessoas dotadas de vontades, de projetos. Toda classificação ou ordenação serve apenas a finalidades muito específicas, não podendo extrapolar os limites dos objetivos tópicos que a determinaram, nunca devendo servir para legitimar o tratamento dos próprios indivíduos como objetos, ou para determinar a natureza ou a amplitude de seus projetos.

O reconhecimento do outro, ou o reconhecer-me diferente do outro, não me condiciona, portanto, em qualquer sentido, a uma comparação entre mim e ele, da qual resultaria uma desigualdade, um "maior" e um "menor". Tal fato, muitas vezes, não parece ser levado suficientemente em consideração em situações onde a convivência de diferentes perspectivas é vital para a construção da autonomia, como é o caso dos processos escolares de avaliação.

A redução das diferenças individuais a indicadores numéricos, quase sempre eivados de intenções de medida, ou a conceitos classificadores, que não reconhecem a diversidade dos projetos pessoais, é responsável, quase sempre, pelos diagnósticos catastróficos, do tipo *"os alunos estão cada vez piores"*, ou *"os professores carecem de uma boa formação"*, que invariavelmente expressam meias-verdades, e em decorrência, meias-mentiras.

Na escola básica, onde a construção da cidadania é a meta precípua, as disciplinas devem estar, permanentemente, a serviço dos projetos pessoais dos alunos. Não parece legítimo, salvo no caso da formação de especialistas, argumentar-se sobre a relevância de se estudar matemática, por exemplo, em razão de sua beleza intrínseca, ou de sua importância na composição do cenário científico: ela é relevante para a realização dos projetos de vida, que se relacionam com as expectativas vocacionais, estejam elas voltadas para a área de engenharia, de jornalismo, arte, línguas ou história.

Em qualquer caso, no entanto, o pleno desenvolvimento das potencialidades humanas é o que verdadeiramente importa. Podemos explicitar, talvez, quanto de matemática, de geografia ou de história um indivíduo deveria conhecer para tornar-se um profissional competente, mas nenhuma quantidade, ainda que exagerada, dessas ou de outras disciplinas, pode ser garantia da formação de um ser humano mais valioso, em qualquer sentido, ou mais feliz.

Posso ter maior renda, mais anos de escolarização formal, melhores notas, mais isto ou menos aquilo, mas não valho mais em razão disso, como ser humano; não posso ter projetos pelos outros, nem mesmo pelo meu filho, não posso sobrepor meus desejos ou projetos aos de quem quer que seja, sou igual a todos no que tange a minha dignidade como pessoa.

O próprio Kant afirma, em *"Crítica da Faculdade do Juízo"*, que tudo o que pode ser comparado, pode ser reduzido a equivalências e pode ser vendido ou trocado, mas existem coisas que não podem ser comparadas, nem vendidas, nem trocadas, e essas coisas não teriam valor, mas sim, dignidade. A sabedoria popular registra tal distinção em um profundo ditado - *"Tudo o que tem preço é barato"* -; a mesma idéia encontra-se presente ainda em um singelo poema de Antonio Machado - *"Todo necio/Confunde valor y precio"*. Tais ocorrências podem servir de indicadores eloqüentes da oportunidade da distinção intentada por Kant.

Tolerância: relativismo e direitos humanos

O significado da tolerância inicia-se, pois, com o elogio

da diversidade, o respeito pelas diferenças, a incomensurabilidade dos espectros de habilidades e interesses, dos projetos individuais ou de grupos, o reconhecimento da existência de elementos ou dimensões da existência humana que não são passíveis de comparações ou equivalências, que não podem ser reduzidos a meras mercadorias. Alguns problemas, no entanto, clamam por um equacionamento, sem o que as ações efetivas realizam-se em terreno minado de incompreensões. O relativismo radical parece ser um deles.

De fato, a incomensurabilidade das perspectivas, em termos culturais, por exemplo, pode sugerir a alguns que todas teriam igual valor, que nada seria legitimamente intolerável, o que não parece aceitável. A despeito da infinita diversidade, os seres humanos apresentam um feixe de características comuns, universalmente encontráveis, um espectro de valores a serem permanentemente cultivados, de direitos a serem universalmente preservados. Claramente, o discernimento de tais características, valores e direitos não constitui uma matéria sobre a qual um acordo parece fácil.

Diversos documentos, em variadas circunstâncias históricas, pretenderam delinear respostas a tais questões. Dos textos religiosos, em diferentes culturas, a algumas das Encíclicas da Igreja Católica, sobretudo após a *Rerum Novarum* (*Populorium Progressio, Gaudium et Spes, Laborens Exercens,* entre outras), o alvo tem sido justamente a caracterização de tal núcleo mínimo, sem o qual não se poderia falar em vida em sentido humano.

No terreno político, documentos fundamentais como a *Declaração Universal dos Direitos Humanos*, publicada pela Organização das Nações Unidas em 1948, representam um monumental esforço coletivo de um grande número de nações, no sentido de estabelecer, em seus cerca de trinta artigos, uma configuração de tais características humanas, que deveriam ser preservadas em todas as épocas e culturas. É importante que se insista em que não se trata de uma tarefa simples e os desvios de interpretação parecem inevitáveis.

A tentação mais freqüente talvez seja a de se imaginar que um elenco de valores, direitos e deveres, com o caráter nucleador, minimalista, como deve ser o de um documento dessa estirpe, deva configurar uma uniformidade de comportamentos ou de projetos, ou um padrão único, hegemônico, em relação ao qual seriam toleradas apenas as inevitáveis oscilações decorrentes, sobretudo, da falibilidade humana. Trata-se, sem dúvida, de um grave desvio de interpretação, comparável, talvez, ao de um malsinado químico que ignora a infinita diversidade de substâncias compostas pelos mesmos elementos, ou pelo escritor que julga estarem todos os livros condenados à uniformidade, em decorrência do fato de todos eles não constituírem mais do que combinações caprichosas das letras do alfabeto.

Outra tentação simplificadora é a de considerar-se que uma palavra ou mesmo um *slogan* podem garantir um acordo no que tange à compatibilização de projetos ou de ações. A tríade de valores característicos do quadro de idéias emergentes na Revolução Francesa pode constituir um exemplo expressivo de tal simplificação. Os significados de palavras como *liberdade, igualdade, fraternidade* transitam, freqüentemente, por terrenos pantanosos, havendo, por exemplo, quem tenha recorrido à Justiça contra a obrigatoriedade do uso do cinto de segurança, alegando que o mesmo tolhia sua liberdade, seu direito de ir e vir.

Naturalmente, existem âmbitos em que a vigência de valores como a liberdade, a igualdade e a fraternidade parece indiscutivelmente universal, não comportando qualquer discordância ou discussão. "*Todos são iguais perante a lei*" é um *slogan* amplamente aceito e repetido; similarmente, sobre a liberdade de expressão, no plano das idéias, ou a necessidade da fraternidade, no terreno econômico, existem poucas dissonâncias, ainda que as conseqüências de tal consenso não sejam tão visíveis no âmbito das ações práticas. Entretanto, a extensão indiscriminada ou acrítica de tais noções a outros planos, como a fraternidade às relações jurídicas, ou a igualdade às relações culturais, onde o reconhecimento da diferença é o que importa, não pode produzir mais do que desagradáveis mal-entendidos.

Certamente existem idéias como o direito à vida, a liberdade no plano cultural, a igualdade perante a lei, que não são passíveis de delimitações ou restrições de qualquer espécie; outras, no entanto, necessitam de limites, como a liberdade no terreno econômico, ou a tolerância em relação à violência, ou à incitação a ações que visem ao cerceamento das manifestações mais legítimas da humanidade do homem, acordadas em documentos internacionalmente negociados. A fronteira entre o tolerável e o intolerável pode, às vezes, constituir-se em um fio de navalha, mas seu estabelecimento é um risco que, conscientemente, é necessário correr.

Tolerância: autoridade e arrogância

É muito fácil ser tolerante com o que não me diz respeito, com aquilo por que não me interesso, ou em relação a que não me sinto minimamente responsável. Basta fechar os olhos, ou tapar o nariz, e seguir em frente. Outra situação é a tolerância do indivíduo que, transcendendo os limites weberianos da ética da convicção, assume responsabilidades, tanto em nível pessoal, quanto em razão do exercício de algum tipo de autoridade, como é o caso, por exemplo, do professor. Examinemos com mais vagar as relações que se estabelecem entre as duas idéias em tela.

Sem dúvida, autoridade e tolerância são idéias diretamente associadas, exercendo-se ou referindo-se a valores acordados ou a significações socialmente construídas, e mantendo uma relação de proximidade bastante fecunda. Ambas são exercidas no âmbito de significações.

O universo das significações é constituído por entidades e relações entre elas. As entidades (significações) caracterizam-se como feixes de relações; de modo dual, as relações são sempre relações entre entidades. As relações são proposições que podem referir-se apenas a uma entidade ou a uma classe de entidades equivalentes em algum sentido - são as propriedades -, ou podem estabelecer ligações entre duas ou mais entidades distintas, denominando-se relações binárias, ternárias etc.

Uma entidade pode ser um indivíduo (uma pessoa), uma idéia, um objeto de qualquer natureza. Existem diferenças fundamentais entre pessoas e objetos, não no que se refere ao fato de constituírem feixes de relações, mas em outros aspectos que poderão ser aqui examinados.

A idéia de autoridade refere-se a uma relação entre pessoas em determinado âmbito. Um âmbito é determinado por uma coleção de sentenças - proposições ou ordens. Uma proposição é uma sentença declarativa que pode ser classificada de verdadeira ou de falsa. Uma ordem é uma sentença que deve conduzir a uma ação ou à suspensão da mesma, não fazendo sentido dizer-se dela que "é verdadeira" ou "é falsa".

A autoridade é uma relação ternária entre um portador P, um sujeito S e um âmbito A. Dizer-se que P é uma autoridade para S no âmbito A significa que S aceita os enunciados que P lhe comunica e que pertencem ao âmbito A. A aceitação por parte de S é sempre fundada em negociações de diferentes naturezas, em consonância com os diversos tipos de autoridade.

Existe um âmbito no qual qualquer indivíduo é uma autoridade para todas as outras pessoas; tal âmbito é o que caracteriza a personalidade de um ser humano, que o constitui como pessoa. Nenhum homem é uma autoridade para todos os outros em todos os âmbitos. O portador de uma autoridade abusa da mesma quando pretende exercê-la sobre um sujeito em um âmbito mais amplo do que o considerado aceitável pelo sujeito, na negociação fundadora.

Uma autoridade pode ser de dois tipos: epistemológica ou deontológica. Isto significa que toda autoridade decorre do saber ou do dever, ou, em outras palavras, do conhecimento de quem sabe ou do reconhecimento da legitimidade de quem manda. A autoridade epistemológica é exercida, em determinado âmbito, pelo indivíduo que sabe mais sobre o sujeito que sabe menos. A autoridade deontológica é exercida por um indivíduo sobre um sujeito no âmbito de situações de liderança, chefia ou comando. A mesma pessoa pode exercer autoridade epistemológica e deontológica em relação ao mesmo sujeito, mas a independência das duas dimensões faz com que isto nem sempre ocorra.

A autoridade deontológica pode ser delegada pelo indivíduo P ao indivíduo Q, com referência ao sujeito S, em um âmbito mais restrito que o inicial; a autoridade epistemológica nunca pode ser delegada. A autoridade epistemológica é fundada, na maior parte das vezes, na argumentação racional ou na pressuposição de sua possibilidade. Algumas vezes, a aceitação das enunciações do portador por parte do sujeito estabelece-se com base na confiança induzida pelo respectivo âmbito. Já a autoridade deontológica, sempre resulta de um acordo prévio relativo às finalidades da ação a ser empreendida. A aceitação, neste caso, decorre de uma adesão a um projeto mais amplo, que envolve uma arquitetura de valores acordados e apresenta um agudo sentido político.

A vida política institui-se sempre a partir de uma negociação no que se refere à arquitetura de valores e de uma permanente busca de articulação entre projetos individuais e projetos coletivos. A construção da cidadania consiste precisamente no desenvolvimento de instrumentos para tal articulação, como é o caso, por exemplo, da possibilidade de votar e ser votado, da alfabetização,ou das demais tarefas e dimensões da educação em sentido amplo. Em todos os casos, a negociação de um sistema de valores é condição *sine qua non* para a articulação dos diferentes níveis de projetos.

Em termos políticos, a anarquia significa a negação da existência de qualquer autoridade deontológica, em qualquer âmbito; o totalitarismo significa a pressuposição da existência de uma autoridade deontológica que poderia ser exercida em todos os âmbitos. É no espaço entre a anarquia e o totalitarismo que pode ser compreendida a idéia de tolerância.

É muito fácil pretender-se ser tolerante em relação ao que não nos afeta, ou não nos diz respeito. A dimensão verdadeiramente relevante da tolerância, no entanto, refere-se sempre ao exercício de uma autoridade. A atitude tolerante pressupõe sempre certo nível de envolvimento, de responsabilidade. Além disso, a tolerância não tem a ver com o conhecimento teórico, racionalmente estabelecido, mas sim com os valores envolvidos; nunca diz respeito, portanto, a uma autoridade epistemológica, referindo-se sempre a uma autoridade deontológica.

De fato, a intolerância na ciência é claro indício de ignorância da natureza das proposições científicas. A ciência necessita de humildade para corrigir erros e persistir na busca de resultados, absolutamente confiáveis em âmbitos específicos, mas sempre incertos, vagos ou provisórios em âmbitos mais amplos. Somente em sentido muito fraco, pode-se falar em tolerância com referência a teorias científicas ou a teoremas matemáticos.

De maneira própria, portanto, a tolerância refere-se apenas ao exercício da autoridade deontológica. Dizer-se que P é tolerante com S a respeito de certas ordens ou proposições significa, primeiramente, P é uma autoridade para S em algum âmbito, que tais ordens ou proposições pertencem ao referido âmbito da autoridade de P em relação a S, e que P abdica de exercer sua autoridade, ainda que considere, em sua perspectiva, a ordem ou a proposição plenamente adequada para S.

Pode-se depreender, portanto, que assim como não existe, senão no totalitarismo, uma autoridade absoluta, que pode ser exercida por um portador em todos os âmbitos e para todos os sujeitos, também não pode existir uma tolerância absoluta, devendo toda tolerância referir-se a uma autoridade deontológica, e portanto, a um determinado âmbito. Mesmo na anarquia, não se pode falar propriamente em tolerância, mas sim em ausência de qualquer autoridade deontológica, em todos os âmbitos.

Em conseqüência, diferentemente de outras idéias, como o amor ou a justiça, e em sentido suficientemente preciso, a tolerância tem limites; não faz sentido, senão em um exercício de retórica, pretender-se estendê-la indefinidamente, a todos os âmbitos.

Ainda em sentido preciso, a associação entre as idéias de tolerância e de autoridade afasta decisivamente a passividade da noção de tolerância: referida a indivíduos sobre os quais não se exerce qualquer autoridade, não se tem qualquer responsabilidade, em nenhum âmbito, a tolerância não passa de uma flagrante impertinência, ou de uma manifestação explícita de arrogância.

Tolerância na escola: a bicicleta e a integridade

O ambiente escolar pode constituir-se em um espaço especialmente propício ao cultivo da tolerância, compreendida do modo como até aqui se procurou delinear. Algumas razões para tal afirmação serão alinhavadas a seguir.

Em primeiro lugar, há o fato de que educar para a cidadania

tornou-se um lema amplamente difundido e aceito. Em seu repertório de significações, tal pressuposição inclui metas como o cultivo de valores socialmente acordados, bem como a construção de instrumentos de articulação entre a diversidade dos projetos individuais e os apelos dos projetos coletivos.

Naturalmente, numa sociedade onde o conhecimento transformou-se no principal fator de produção, muitos outros espaços servem de suporte para o exercício de uma aprendizagem permanente, de uma formação continuada, de um progressivo conhecimento sobre o conhecimento. A escola, no entanto, segue sendo um espaço privilegiado, juntamente com o ambiente familiar, para o cultivo de um amplo espectro de valores, incluindo-se aí aquele núcleo mínimo, sem o qual não se poderia falar em vida em sentido humano. E entre estes, encontra-se, sem dúvida, a tolerância, um valor fundamental numa democracia participativa, que não se resigna com a exclusão de quaisquer de seus segmentos.

De fato, em razão da natureza das tarefas a desempenhar, a escola deveria organizar-se de modo a favorecer, cada vez mais, a construção e o desenvolvimento das personalidades individuais, a descoberta, o respeito e o reconhecimento do outro, a aceitação da diversidade de perspectivas e projetos, individuais ou de grupos, a convivência frutífera com as diferenças, as contrariedades, as complementaridades.

Deveria procurar, permanentemente, dar ciência às novas gerações dos direitos inalienáveis do ser humano, disseminando a conscientização sobre a necessidade de defendê-los contra práticas abusivas, na mesma medida em que buscaria, concomitantemente, oferecer a contrapartida básica, que é o cultivo dos valores humanos fundamentais. O desfrute dos direitos e o dever de cultivar os valores sempre deveriam estar associados, entrelaçando-se continuamente, como ocorre com o exercício de poderes e a assunção de responsabilidades.

Além disso, ressalvando-se o ambiente familiar, em nenhum outro espaço do conhecimento abrem-se, como na escola, mais perspectivas para minar-se a arrogância, sobretudo a intelectual, com o recurso permanente à humildade de quem sabe o quanto não sabe, com a doçura de quem sempre se põe em disponibilidade para fomentar projetos pessoais, alimentá-los e alimentar-se deles.

É ainda a escola um espaço apropriado para o exercício da autoridade sem a perda da ternura, para a vivência da fraternidade entre personalidades diversas, em interesses, em saberes, em poderes, como é o caso da relação, sempre assimétrica, entre os alunos e o professor. *Sem essa vivência e esse exercício cotidiano, no entanto, o ambiente escolar pode ser tão propício ao cultivo da tolerância quanto o é a realização de uma conferência, ou mesmo um seminário, para ensinar-se a platéia a andar de bicicleta.*

Discursos eloqüentes sobre valores, desvinculados de uma prática consentânea conduzem irremediavelmente ao descrédito, à sensação de desamparo, ou ao florescimento de atitudes cínicas que minam perigosamente o terreno educacional.

Nas práticas escolares cotidianas, das mais singelas aos rituais mais expressivos, é fundamental a vivência dos valores característicos da humanidade do homem: essa vivência é o argumento maior para a sustentação dos discursos mais entusiasmados. E se os discursos sobre os valores não podem, jamais, dispensar uma vivência efetiva dos mesmos, no âmbito de uma prática sincera, é bastante plausível que uma tal prática possa, inclusive, dispensar grande parte de tais discursos.

Uma integração entre o discurso e a ação como a suprareferida constitui um ingrediente fundamental, condição *sine qua non* da idéia de *integridade*. A integridade pessoal é um valor decisivo, sem o qual a expectativa de autonomia da moral kantiana esvai-se completamente nas ações da vida prática. É uma meta a ser perseguida, um cristal bruto a ser lapidado em cada um de nós, muitas vezes por meio de "instrumentos morais" claramente heterônomos, como o é o efeito de uma autoridade externa.

Do modo como aqui é entendida, a integridade exige três níveis de predicados. Em primeiro lugar, é necessário dispor-se de uma arquitetura de valores para instrumentar as ações, permitindo um discernimento autônomo do que se considera certo e do que se julga errado. Em segundo lugar, é preciso que as ações do indivíduo íntegro situem-se em consonância com o seu discernimento, mesmo quando tal coerência possa produzir efeitos desagradáveis ou indesejáveis para o mesmo. Em terceiro lugar, a integridade exige que o ator coloque-se em permanente disponibilidade para defender a razoabilidade de suas ações, argumentando de maneira lógica, e assumindo as responsabilidades inerentes a todo aquele que transpõe os acolhedores umbrais de uma ética que se sustenta apenas na convicção pessoal da legitimidade da ação empreendida.

Em razão do que acima se afirmou, ainda que a integridade constitua uma característica desejável a todos os seres humanos, de nenhum profissional se pode afirmar com tanta propriedade o caráter essencial da *integridade pessoal* quanto do professor.

No ambiente escolar, o cultivo da tolerância desenvolve-se por meio do crescimento individual, do respeito pelo outro, do reconhecimento da diversidade humana como uma grande riqueza, um imenso repertório de projetos e perspectivas. Nenhuma dessas características floresce sem uma vivência efetiva de tais valores, no seio de um discurso que continuamente alimenta e qualifica a ação, alimentando-se dela, simbioticamente. A condição de possibilidade de uma tal simbiose é, com todas as letras, a integridade do professor.

5

Sobre a idéia de cidadania

Introdução

Atualmente, a noção de ***cidadania*** ainda permanece diretamente associada à idéia de ter direitos, uma característica que não parece suficiente para exprimi-la, uma vez que, em termos legais, os direitos não são mais privilégios de determinadas classes ou grupos sociais. Um documento fundamental no balizamento de tal generalização é a Declaração Universal dos Direitos Humanos (DUDH), adotada e proclamada pela Assembléia Geral das Nações Unidas em 10 de dezembro de 1948.

É certo que violações nos Direitos Humanos no sentido explicitado pela DUDH continuam a ocorrer em diversos países, nos mais diferentes setores. Entretanto, restringir a idéia de cidadania à de ter direitos pode significar uma limitação da formação do cidadão à vigilância sobre o cumprimento das deliberações da DUDH, ou de outros documentos similares, internacionais ou nacionais. Isso não significaria uma tarefa pequena do ponto de vista prático mas restringiria demasiadamente o significado político/filosófico de tal noção. A própria expressão "educar para a cidadania" resultaria relativamente empobrecida por uma restrição como essa.

Mesmo em países onde os direitos humanos não costumam ser violados, a necessidade da formação do cidadão permanece viva, relacionando-se com a semeadura de valores e a articulação entre os projetos individuais e coletivos. Entre a noção de cidadania e a idéia de projeto existe uma relação interessante que alimenta a ambas, simbioticamente. Para examinar tal interação, alinhavaremos, a seguir, algumas considerações sobre a palavra *projeto,* bem como sobre o movimento pendular dos projetos individuais aos coletivos, e vice-versa.

A idéia de projeto

A palavra ***projeto*** costuma ser associada tanto ao trabalho do arquiteto ou do engenheiro quanto aos trabalhos acadêmicos ou aos planos de ação educacional, política ou econômica. Em todos os casos, dois são os ingredientes fundamentais sem os quais não se pode ter senão uma pálida idéia do significado de tal palavra: *futuro (antecipação) e abertura (não-determinação).* Como esboço, desenho, guia da imaginação ou semente da ação, um projeto significa sempre uma antecipação, uma referência ao futuro. Distingue-se, no entanto, de uma de previsão, uma prospectiva ou uma conjectura, que são, muitas vezes, efetivamente, representações antecipadoras, mas que não dizem respeito, de modo algum, a um futuro a realizar, anunciando simplesmente acontecimentos susceptíveis de ocorrer, ou uma previsão sobre evoluções possíveis do real passíveis de serem consideradas na elaboração das estratégias dos atores, mas que não se constituem necessariamente em realizações dos mesmos. Por outro lado, uma concepção rigorosamente determinística do real elimina completamente a idéia de projeto; o segundo elemento constituinte de tal idéia é a permanente abertura para o novo, para o não-determinado, para o universo das possibilidades, da imaginação, da criação. Sem dúvida, não há projeto sem futuro e, simetricamente, na medida em que a realidade é uma construção humana, pode-se afirmar também que não há futuro sem projeto.

A capacidade de elaborar projetos pode ser identificada

como a característica mais verdadeiramente humana; somente o homem é capaz não só de projetar como também - e primordialmente - de viver sua própria vida como um projeto. Marx recorreu à idéia de projeto para distinguir o trabalho humano da atividade de uma aranha ou das construções de um castor. Mais recentemente, nos debates sobre o significado da inteligência e a possibilidade de uma "Inteligência Artificial", novamente a capacidade de ter "vontades", iniciativas, de criar, de cultivar sonhos ou ilusões, em outras palavras, de ter projetos, tem sido considerada a característica humana distintiva, tanto em relação aos animais como em relação às máquinas. Um computador, por mais sofisticação que venha a ostentar, ainda que possa vir a realizar certas operações similares às realizadas pela mente humana, jamais alimentará sonhos ou ilusões, nunca será capaz de ter projetos "pessoais". Julián MARÍAS sintetizou tal caracterização com maestria ao afirmar: *La realidad humana es primariamente pretensión, proyecto*[1]. Sem projetos, não há vida em sentido humano; excluindo-se o ponto de vista religioso, a morte, senão física, pelo menos mental, é o fim de todos os projetos. Desde a idéia original de religação do ser humano com Deus, as religiões, em seus múltiplos avatares, buscam projetar uma outra vida, extraterrena, ou fazer o homem projetar-se até ela.

No sentido acima esboçado, os projetos constituem os instrumentos da realização da liberdade individual, os espaços da iniciativa, da manifestação da criatividade, da invenção de possibilidades. Embora em seus usos mais freqüentes, a palavra *projeto* encontre-se mais associada a projetos acadêmicos de pesquisa, a projetos de engenharia ou de arquitetura, do que, em sentido mais lato, a projetos individuais de existência, a projetos políticos, a projetos pedagógicos, entre outros, utilizaremos tal palavra no que se segue, nesse sentido mais amplo,

1 MARÍAS, Julián - La felicidad humana. Madrid: Alianza, 1988, p.38

associado à concepção de cursos de ação. Esse compromisso com a ação, que distingue decisivamente os projetos de sonhos, ilusões ou utopias, não deve, no entanto, contribuir minimamente para que se confunda projetos com meros planos, com instrumentos técnicos para a implementação das ações projetadas.

Projetos no mundo do trabalho

Nesse sentido amplo, a idéia de projeto encontra-se no mundo do trabalho produtivo, onde tem uma presença cada vez mais forte como formatação para a realização das tarefas, e no universo acadêmico, associadas à realização de pesquisas. No universo do ensino, tanto nos cursos de graduação quanto na escola básica, sua presença é pouco notada ou inexistente.

O recente debate sobre a transferência do universo das empresas para o das escolas da idéia de qualidade tem contribuído para aumentar a importância da idéia de projeto nas atividades de ensino em seus diversos níveis. Tal transferência deve contribuir para dar destaque, na realização das atividades didáticas, à fixação prévia de metas do que se projeta, à participação e à cooperação de todos na tarefa de persegui-las, a valorização do trabalho em grupo e, sobretudo, à re-instalação do hábito, tantas vezes esquecido, de avaliar o desempenho em função das metas do projeto que se realiza. A própria reconstrução da idéia de disciplina pode resultar desse aumento da importância dos projetos como formatação das atividades da escola básica. De fato, em um contexto onde o que vale são os objetivos do projeto que se persegue, pode tornar-se mais aceitável a idéia de que os estudos das diversas disciplinas constituem meios ou atividades intermediárias úteis à concretização dos projetos de vida, articulando os interesses individuais e coletivos através da construção da cidadania.

É importante registrar, no entanto, que, se existem razões como as anteriormente apresentadas, a sugerir que pode ser encarada positivamente a transposição da idéia de projeto, em sentido lato, do mundo das empresas para o mundo das escolas, existem também razões igualmente consistentes que revelam o quanto é pernicioso para a Educação a identificação da natureza dos projetos educacionais com a dos projetos em sentido empresarial. A absoluta necessidade da distinção entre os dois tipos de projeto será analisada a seguir.

Projetos: escolas x empresas

A dimensão óbvia da razoabilidade da adesão aos programas de qualidade resulta de que eles visam à otimização dos diversos aspectos da produção, incluindo-se todos os elementos do cenário: matéria-prima, atores envolvidos, ambiente de trabalho, processos constituintes, produto final. Naturalmente, desde que todos estejam de acordo com as metas estabelecidas no projeto que se realiza, todos desejam tal busca de otimização. Mas aí é que está o busílis da questão.

De fato, a construção de projetos não pode prescindir do exame de uma idéia complexa como é a noção de valor. Dissociada de preocupações com valores, a capacidade de projetar pode conduzir a desvios indesejáveis, ou a becos sem saída. Vale a pena ter como projeto de vida transformar-se no maior traficante de drogas, ou no maior assaltante de bancos, ou no maior preguiçoso do mundo? Parafraseando Goya, para quem *os sonhos da razão produzem monstros*, é possível afirmar-se que, no caso dos projetos, o racionalismo mais inspirado, desprovido de uma arquitetura de valores socialmente acordados, pode conduzir a monstruosidades.

Voltando ao busílis da questão: enquanto no mundo das empresas os projetos costumam ser muito bem delimitados, abrangendo apenas uma fatia pequena do universo dos valores, quando não se restringem apenas ao valor econômico, no caso de projetos educacionais, mesmo no de uma única escola, é muito amplo e complexo o espectro de valores envolvidos. Quando se lida com seres humanos em formação, com seus sonhos, suas fantasias, seus projetos de vida, aumenta muito a responsabilidade pela escolha das metas, pela articulação entre as múltiplas aspirações individuais e o interesse coletivo. Se, por exemplo, no universo das empresas, a idéia de competitividade domina o cenário de forma absoluta, no da educação ela deve associar-se com outras, muitas vezes mais relevantes, como é a idéia de solidariedade. Não temos dúvida em afirmar que *a mais complexa das empresas é muito mais simples, do ponto de vista do projeto que persegue, do que a mais simples das escolas.* Não faz sentido, portanto, a mera transposição das preocupações com a qualidade, do universo das empresas para o das escolas, sem a consideração da diversidade dos projetos vigentes. Em uma escola - ou uma empresa - onde o projeto norteador conduz ao indesejável - ou ao inferno - aderir a um programa de qualidade sem refletir sobre os objetivos perseguidos significa esmerar-se em buscar o que não se quer - ou em morrer queimado o mais rapidamente possível.

Qualidade: cliente x cidadão

Um dos postulados mais explícitos de um programa de qualidade é a afirmação de que a qualidade é caracterizada pela satisfação do cliente. Naturalmente, para aplicar-se a todas as situações, a palavra "cliente" deve ter seu significado ampliado de forma extrema, transcendendo em muito o de mero consumidor. O mundo inteiro, então, sob essa óptica, é visto como uma vasta clientela. Em cada situação concreta, seria necessário apenas definir, delimitar o universo dos clientes.

No caso de uma empresa, haveria os clientes externos - os fregueses -; os clientes internos - os empregados -; além de intermediários, como os fornecedores, entre outros. Sempre, no entanto, o princípio organizador é o de que a meta precípua é a felicidade do cliente.

Pedindo licença para um pequeno desvio, vamos procurar compreender os estranhos desígnios etimológicos que contemplaram a palavra "cliente", no léxico dos teóricos da qualidade. Pelo menos nas línguas de origem latina, como a nossa, "cliente" origina-se de *cliens, clientis,* que significa *vassalo, protegido de alguém, de um senhor*, este sim, detentor do poder. Posteriormente, a palavra foi associada aos protegidos dos senadores romanos, dando origem à variante do costume político comum e freqüentemente criticado, denominado "clientelismo". Mais tarde ainda, o uso foi estendido para designar os que consultavam determinados profissionais, como os advogados ou os médicos. Hoje, no discurso da qualidade, uma fantástica torção semântica transformou o vassalo no senhor.

Quando se discute a implementação de programas de qualidade no âmbito do serviço público, é comum a identificação do cliente como sendo "o conjunto da sociedade", o que conduz a uma indiferenciação francamente inaceitável, no planejamento das atividades de uma empresa, por exemplo. Tal ampliação no significado da palavra *cliente* também costuma ocorrer quando o postulado da satisfação do cliente é transferido para o universo educacional. Neste último caso, no entanto, a torção semântica é muito mais perigosa, uma vez que a identificação que se instaura é entre o *cliente* e o *cidadão.*

De fato, nos tempos atuais, nenhuma caracterização das funções da educação parece mais adequada do que a associação da mesma à formação do cidadão, à construção da cidadania. Nos mais variados países e em diferentes contextos, educação para a cidadania tornou-se uma bandeira muito fácil de ser empunhada, um princípio cuja legitimidade não parece inspirar qualquer dúvida. A não ser a que se refere ao próprio significado da expressão "educar para a cidadania".

Etimologicamente, *cidadão* deriva de *civis,* palavra latina de dois gêneros que designava os habitantes das cidades; não qualquer habitante, mas apenas os que tinham direitos, os que participavam das atividades políticas. *Civitas, civitatis* significava a condição de cidadão; *civitate donare* queria dizer *dar a alguém a condição de cidadão*; *civitatem amittere* era *perder o direito à cidadania,* ou o direito a ter direitos políticos. Similarmente, a palavra *político* deriva da palavra grega *pólis,* que também queria dizer *cidade.* Na Grécia antiga, os habitantes das cidades dividiam-se em *políticos* e *idiotas.* Os *políticos* eram os que participavam da vida da *pólis;* aos *idiotas* cabia, no máximo, preocuparem-se consigo mesmos. O radical *idio* ainda hoje permanece associado a singularidades, em palavras como *idiossincrasias,* ou *idiossincrático.* Posteriormente, *idiota* passou também a significar *estar alheio ao que ocorre, ser estúpido ou amalucado.* Tal significado, na época, era diametralmente oposto ao da palavra *político.*

Projetos individuais e coletivos

Já foi registrado anteriormente que a capacidade de ter projetos pode ser identificada como a característica mais verdadeiramente humana. A inteligência humana consistiria, precisamente, nesta capacidade de invenção de metas, de criação de possibilidades.

Naturalmente, não basta alimentar-se de projetos individuais, que não garantem mais do que uma vida de idiotas, em sentido grego. Carecemos de projetos coletivos, que estimulem as ações individuais, articulando-as na construção do significado de algo maior. Tanto quanto da satisfação das necessidades básicas em sentido biológico ou econômico, necessitamos participar de projetos mais abrangentes, que transcendam nossos limites pessoais e impregnem nossas ações, nossos sonhos, de um significado político/social mais amplo. A ausência de projetos coletivos costuma ser responsabilizada pelo surgimento de neo-conflitos, mesmo em sociedades industrializadas. Nos países em desenvolvimento, muitas vezes, simulacros de projetos ganham corpo, a partir da aspiração, quase sempre ingênua, de copiar os países desenvolvidos; nesses, a ausência de matrizes a serem copiadas já produziu, em passado recente - e talvez não cesse de produzir, continuamente - certas simulações de rompimento com o *statu quo,* certas marginalidades fictícias, facilmente absorvíveis pelo sistema, como a dos movimentos *hippies* dos anos 60, a de rebeldes do tipo *Unabomber*, ou a dos *hackers*, na sociedade informatizada.

A ausência ou a transformação radical nos projetos ou nos valores costuma ser sistematicamente associada à idéia de crise, tanto no nível individual quanto na referência a países ou culturas. No caso específico da educação brasileira, não são poucas as vozes que pretendem que a crise deve-se à ausência de um projeto coletivo. Tal ausência, no entanto, tem sido confundida amiúde com a inexistência, no campo educacional, de algo como um plano nacional de educação, bem como de uma legislação educacional adequada. A atual Constituição prevê, inclusive, a existência formal de um tal Plano, que orientaria diretamente as ações educacionais, e um projeto de Lei de Diretrizes e Bases da Educação Nacional tramita há vários anos no Congresso Nacional, subjazendo certa expectativa de que a solução de muitos dos problemas educacionais decorrerá de sua aprovação.

Não se pode duvidar, é claro, da necessidade da existência de planos de ação, não só para a área da educação, como também para a da saúde, para a da habitação etc., bem como de uma legislação atualizada, que constitui a dimensão objetiva dos limites das ações políticas. Entretanto, a dependência tão direta entre projetos e planos de ação, entre planos e leis que viabilizem sua implementação não parece natural nem conveniente.

No caso da educação, carece-se muito mais de uma carta de princípios gerais, uma espécie de tábua de valores fundamentais, amplamente acordados com as entidades mais representativas da sociedade, sublinhando os valores maiores que deveriam orientar os projetos e as ações educacionais, do que de planejamentos excessivamente minuciosos ou de alterações radicais na legislação em vigor. Alguns exemplos de tais valores, quase sempre consensuais no nível do discurso mas insuficientemente presentes na implementação das ações, são a autonomia das unidades escolares, que não pode limitar-se a aspectos financeiros, e a valorização da função docente, que não se esgota na questão salarial mas que não pode esquecê-la. Sem o enraizamento em valores como esses, os projetos mais bem intencionados terminam por perder toda a potencialidade transformadora, tendendo a confundir-se com planos de ação de cunho meramente burocrático, ou a tangenciar o terreno jurídico, onde correm o risco de confundir-se com leis, cristalizando-se ou tornando demasiadamente rígido o que deve ser, por sua natureza, flexível, adaptável, variável.

A integração entre a formação pessoal e a social, entre o desenvolvimento das personalidades individuais e o pleno exercício da cidadania encontra-se fortemente associada à idéia de rede como representação da relação indivíduo/sociedade. Nas palavras de ELIAS[2], *o que aqui chamamos de "rede", para denotar a totalidade da relação entre o indivíduo e sociedade, nunca poderá ser entendido enquanto a "sociedade" for imaginada, como*

---

2 ELIAS, Norbert - A sociedade dos indivíduos. Rio de Janeiro: Jorge Zahar, 1994, pp.30-36.

tantas vezes acontece, essencialmente como uma sociedade de indivíduos". Mais adiante, no mesmo trabalho, ao referir-se ao indivíduo, o mesmo autor explicita um pouco mais a idéia de rede: *esse "eu", essa "essência" pessoal forma-se num entrelaçamento contínuo de necessidades, num desejo e realização constantes, numa alternância de dar e receber. É a ordem desse entrelaçamento incessante e sem começo que determina a natureza e a forma do ser humano individual. Até mesmo a natureza e a forma de sua solidão, até o que ele sente como sua "vida íntima" traz a marca da história de seus relacionamentos - da estrutura da rede humana em que, como um de seus pontos nodais, ele se desenvolve e vive como indivíduo.*

Muito haveria ainda a se explorar sobre a relação em foco, tendo por base o fecundo e persistente trabalho de ELIAS, ao longo de pelo menos cinco décadas, sobre tal temática; devemos, no entanto, seguir em frente.

Na confluência dos projetos individuais e sociais, situam-se, naturalmente, as questões relacionadas com o mundo do trabalho, com a construção da noção de projetos vocacionais. Em FONSECA[3] pode ser encontrado interessante material a esse respeito, destacando-se a análise de como os projetos de vida são construídos na interface individual/social, sempre supondo uma intervenção conjunta de elementos afetivos, cognitivos e sociais. Cada projeto de vida tende a caracterizar-se como a realização de uma vocação, de um apelo, de um chamamento vindo, a um tempo, de dentro e de fora, representando o mais harmonioso encontro possível entre as aspirações individuais e os interesses coletivos. A idéia de vocação aqui evocada pouco tem em comum com as perspectivas religiosas ou inatistas; aproximando-se muito mais da perspectiva profissional, ou da escolha "madura" de uma atividade profis-

3 FONSECA, Antonio Manoel - Personalidade, Projectos Vocacionais e Formação Pessoal e Social. Porto: Porto Editora, 1994, p.61.

sional. As palavras de FONSECA podem servir para explicitar mais as considerações supra-referidas, ao mesmo tempo em que aproximam as idéias de vocação e de projeto: *A concepção de maturidade vocacional adquire o seu pleno significado inserida num processo que valoriza a noção de projecto como elemento motor e significante das condutas humanas. O projecto profissional, em particular, surge como um suporte concreto que favorece a elaboração de projectos em geral e que não se limitam ao mundo do trabalho. (1994, p.61).* É essencial, portanto, que a escolha profissional possa ser inserida em um cenário mais amplo, onde o elemento organizador parece ser justamente os projetos de vida.

Uma idéia de cidadania

As considerações anteriores conduzem a uma formulação de uma concepção de cidadania que transcenda o estatuto de uma postulação de direitos humanos, formalmente garantidos, e atribua um significado à expressão "educação para a cidadania" que ultrapasse o nível do discurso sobre a necessidade de uma contínua vigilância pela garantia dos referidos direitos.

De fato, associando-se as noções de cidadania e de projeto em sentido amplo, tal como anteriormente se delineou, nada parece mais característico da idéia de *cidadania* do que *a construção de instrumentos legítimos de articulação entre projetos individuais e projetos coletivos.* Tal articulação possibilitará aos indivíduos, em suas ações ordinárias, em casa, no trabalho, ou onde quer que se encontrem, a participação ativa no tecido social, assumindo responsabilidades relativamente aos interesses e ao destino de toda a coletividade. Neste sentido, *educar para a cidadania* significa *prover os indivíduos de instrumentos para a plena realização desta participação motivada e competente, desta simbiose entre interesses pesso-*

ais e sociais, desta disposição para sentir em si as dores do mundo.

Insistimos em que o imperativo de conjuminar o conhecimento dos direitos com a vontade de participação encontra-se diretamente relacionado com a necessidade de ultrapassar o conforto de uma ética apenas da convicção, onde a integridade pessoal encontra-se garantida mas não conduz a ações efetivas, aportando-se em uma ética da responsabilidade, onde crescemos junto com o crescimento dos riscos e dos encargos que assumimos.

Múltiplos são os intrumentos para a realização plena desta cidadania ativa: *a "alfabetização" relativamente aos dois sistemas básicos de representação da realidade - a língua materna e a matemática, condição de possibilidade do conhecimento em todas as áreas; a participação do processo político, incluindo-se o direito de votar e ser votado; a participação da vida econômica, incluindo-se o desempenho de uma atividade produtiva e o pagamento de impostos; e, naturalmente, o conhecimento de todos os direitos a que todo ser humano faz jus pelo simples fato de estar vivo.*

Para estar vivo, no entanto, é fundamental ter projetos pessoais, e nesse sentido, a legislação educacional portuguesa parece exemplar, na medida em que estabelece que *a educação visa à formação de cidadãos livres, responsáveis, autônomos e solidários e deve buscar a formação do caráter e da cidadania através do respeito pelos projetos individuais de existência.* Pode-se reconhecer facilmente, nos trechos em destaque, a preocupação com a articulação entre os projetos individuais e coletivos, situando-se a idéia de cidadania como antídoto para a confusão entre a valorização dos projetos pessoais e o primado exclusivo do individualismo.

Como já se registrou anteriormente, tanto individual quanto coletivamente, o mais inspirado dos projetos desprovido de uma arquitetura de valores socialmente acordados, pode conduzir a monstruosidades. *educar para a cidadania* deve significar também, pois, semear um conjunto de valores universais, que se realizam com o tom e a cor de cada cultura, sem pressupor um relativismo ético radical francamente inaceitável; deve significar ainda a negociação de uma compreensão adequada dos valores acordados, sem o que as mais legítimas bandeiras podem reduzir-se a meros *slogans* e o remédio pode transformar-se em veneno. Essa tarefa de negociação, sem dúvida, é bastante complexa; enfrentá-la, no entanto, não é uma opção a ser considerada, é o único caminho que se oferece para as ações educacionais.

Considere-se, por exemplo, um conjunto de valores de aparência tão atraente como é a tríade que sustentou os ideais republicanos, a partir da Revolução Francesa: *liberdade, igualdade, fraternidade*. Existe uma compreensão natural do significado de cada um deles, além da qual torna-se necessária uma explicitação/negociação dos limites na compreensão dos mesmos. Consideramos que todos os homens nascem iguais no que se refere aos direitos, o que inclui a liberdade de ir e vir, de ter projetos pessoais e realizar sua liberdade ao procurar realizar seus projetos, que todos são iguais perante as leis, que todos devem ter direito à propriedade, ao trabalho, etc., etc.,etc., tudo muito bem explicado, como na Declaração Universal dos Direitos Humanos. Entretanto, a plena liberdade no plano cultural não pode ser transportada mimeticamente para o plano econômico, transformando-se, quando isso ocorre, em uma corruptela do liberalismo. De modo similar, se é verdade que existe uma carência crônica e crescente de solidariedade/fraternidade no plano econômico, no plano político ou no cultural tais valores soem corromper-se em clientelismo ou nepotismo. O espaço político preferencial para a semeadura e a negociação dos valores socialmente acordados é, naturalmente, o da educação para a cidadania.

6

Sobre livros didáticos: quatro pontos

Introdução

No Brasil, os livros didáticos são, em sua maioria, desatualizados, de baixa qualidade, caros e de difícil acesso por parte dos estudantes. Afirmações como estas costumam circular em meios educacionais - excetuando-se, talvez, entre autores, editores e livreiros - como se sobre elas houvesse um razoável consenso. Todas elas, no entanto, exprimem meias-verdades, constituindo, naturalmente, meias-mentiras.

Qualidade, quantidade, custo e atualização são pontos sobre os quais diversas questões, pertinentes ou impertinentes, tempestivas ou intempestivas, têm sido formuladas, no diagnóstico ou na proposição de políticas públicas para o livro didático. Neste artigo, vamos analisar cada um desses quatro pontos, buscando responder as questões referidas - ou reformulá-las, evidenciando as limitações no sentido em que são, freqüentemente, interpretadas.

A qualidade

Comecemos com a questão da qualidade. A proposição categórica *"Todos os livros didáticos são de má qualidade"* é inteiramente inaceitável. Sua formulação somente poderia decorrer de uma exploração da questão apenas em sua dimensão retórica, o que pode resultar de um excessivo distanciamento do tema, em suas circunstâncias concretas - ou da ausência de uma parcela mínima quer da prudência indutiva baconiana, quer dos preceitos da lógica aristotélica.

Seguramente, existem livros de má qualidade, e existem livros de boa qualidade no mercado; existem hoje e poderíamos dizer que sempre existiram. Alguns livros de indiscutível qualidade, inclusive, deixaram de circular, morreram de "inanição", por falta de adoção, por não serem escolhidos pelos professores e não serem utilizados pelos alunos. Por outro lado, diversas comissões de avaliação, designadas por órgãos governamentais responsáveis pela distribuição de livros didáticos, em diferentes ocasiões, chegaram a diagnósticos mais ou menos parecidos: os livros utilizados apresentariam incorreções teóricas, disseminariam visões preconceituosas etc.; seriam, em suma, de má qualidade.

Chegamos, então, a um ponto em que é necessário ter-se o cuidado de não simplificar demasiadamente a questão, concluindo-se que o problema se resumiria a uma falta de discernimento dos professores, por ocasião da escolha. Não é esse o "x" da questão.

Na verdade, a palavra "qualidade" tem sido utilizada em temas educacionais com certa liberdade semântica, pretendendo-se, muitas vezes, transportar-se relações constitutivas de seu significado do terreno econômico ou de contextos empresariais para o universo educacional. Tal transferência resulta, quase sempre, eivada de impertinências.

De fato, os projetos empresariais costumam ter metas muito nítidas, visando a alvos bem delimitados. Os valores em questão são essencialmente de natureza econômica; outras componentes valorativas são, decididamente, periféricas. No caso das escolas, os projetos educacionais são muito mais complexos, sobretudo porque os valores em cena são muito mais abrangentes, transcendendo em muito a dimensão econômica. A mais complexa das empresas é mais simples do que a mais simples das escolas, quando o que se tem em vista é a definição de um projeto norteador. E falar-se em qualidade sem uma explicitação do projeto em curso pode significar uma discussão sobre a melhor maneira de ir não sei aonde.

No caso específico dos livros didáticos, a qualidade tem sido examinada sempre a partir da perspectiva de determinada forma de utilização, na qual o papel dos mesmos é freqüentemente superestimado, sobretudo em sua relação com o do caderno.

Na verdade, muito haveria para examinar, no que tange às funções do par livro-caderno, que apresentam uma complementaridade verdadeiramente essencial. A desconsideração de tal fato já conduziu, em diferentes momentos, a desvios contraproducentes, como o que ocorreu com a emergência e a disseminação dos livros "consumíveis". Tais livros subsumiam de modo caricato muitas das funções do caderno. As anotações individuais, em vez de constituírem uma mediação necessária entre a organização e a estabilidade da linguagem do livro e a maleabilidade e a instabilidade da linguagem do quadro-negro, tornaram-se estereotipadas, nos livros "descartáveis", limitando-se, muitas vezes, a um preenchimento de espaços vazios da forma imaginada pelo autor. Tal padronização constitui um desserviço à construção da autonomia intelectual, na medida em que vincula os alunos aos professores de modo muito mais subserviente do que ocorre quando há a mediação do caderno.

Após um curto período de predomínio, o livro "consumível" foi "condenado" por razões essencialmente econômicas, permanecendo ao largo os fatores pedagógicos mais incisivos que o tornava indesejável. A forma básica de utilização, no entanto, foi mantida e o livro "adotado" pelo professor - consumível ou não - praticamente determina o conteúdo a ser ensinado. O professor abdica do privilégio de projetar os caminhos a serem trilhados, em consonância com as circunstâncias - experiências, interesses, perspectivas - de seus alunos, passando a conformar-se, mais ou menos acriticamente, ao encadeamento de temas proposto pelo autor. Tal encadeamento ora tem características idiossincráticas, ora resulta da cristalização de certos percursos, que de tanto serem repetidos, adquirem certa aparência de necessidade lógica; nos dois casos, a passividade do professor torna um pouco mais difícil a já complexa tarefa da construção da autonomia intelectual dos alunos.

Como se pode depreender do cenário acima esboçado, a forma de utilização praticamente conduz à escolha de determinado tipo de livro, uma vez que parece muito mais fácil entrar em sintonia com um autor que trilha caminhos conhecidos, que não cria "dificuldades", não aumenta a carga de trabalho do já sobrecarregado professor, oferecendo, pelo contrário, inúmeras facilitações de cunho supostamente pedagógico.

Insistimos em que o livro didático precisa ter seu papel redimensionado, diminuindo-se sua importância relativamente a outros instrumentos didáticos, como o caderno, seu par complementar, e outros materiais, de um amplo espectro que inclui textos paradidáticos, não-didáticos, jornais, revistas, redes informacionais etc. A articulação de todos esses recursos, tendo em vista as metas projetadas para as circunstâncias concretas vivenciadas por seus alunos, é uma tarefa da qual o professor jamais poderá abdicar e sem a qual seu ofício perde muito de seu fascínio.

É importante registrar que, ao pretender a diminuição da importância relativa do livro, situamo-nos bem distantes daqueles que, algumas vezes, pretendem sua simples eliminação; temos como assentado que, utilizado de modo adequado, o livro mais precário é melhor do que nenhum livro, enquanto o mais sofisticado dos livros pode tornar-se pernicioso, se utilizado de modo catequético.

Um aspecto que tem sido diretamente responsável pelas alegações de má qualidade do livro didático são os erros que eles supostamente conteriam. Nesse terreno, muito do que se aponta como erro parece não passar de mal entendidos. Recentemente (1995), um grande jornal de São Paulo publicou uma matéria em que especialistas em matemática condenavam com veemência certo manual por representar um conjunto C através de um diagrama de Euler - uma curva fechada, circundando os elementos de C - situando a letra C no interior da curva; dizia o especialista que isto confundiria os alunos, que poderiam pensar que C era um elemento do conjunto representado... Não diria que tal reclamação seria um preciosismo - trata-se, no caso, de um evidente exagero.

O exemplo não é isolado e muitos outros poderiam ser arrolados em defesa da afirmação de que, em sua maioria, as reclamações referentes a uma suposta má qualidade dos livros são irrelevantes. Não seria o caso de fazê-lo aqui, tanto por razões de espaço quanto pelo fato de que, em nossa argumentação, mesmo alguns erros considerados indiscutíveis poderiam não ser determinantes da rejeição de um livro: é preciso avaliá-lo pelo seu projeto global, pelo que apresenta de positivo, pelas sementes que planta, pelos estímulos que provoca. Muitas vezes, os livros mais adotados segundo critérios policialescos de não conterem qualquer erro "conceitual" estão entre os que menos acrescentam em idéias para um fecundo trabalho em classe. Naturalmente, existem erros graves que são francamente inadmissíveis; tais casos são raros e não justificariam afirmações tão categóricas quanto à qualidade dos livros didáticos em geral. Sintomaticamente, não temos em mente qualquer exemplo de erros desse tipo, registrado nos livros didáticos já examinados pelas comissões de especialistas, sendo seus relatórios amplamente divulgados pelos jornais e revistas.

Resumindo, não temos qualquer receio em afirmar que, entre os inúmeros textos didáticos disponíveis, certamente existem livros de boa qualidade - nem sempre os mais adotados pelas escolas; o fato de os professores eventualmente escolherem aqueles que oferecem mais facilidades imediatistas do que recursos efetivos para um trabalho proveitoso em classe deve-se à cristalização de uma forma de utilização inadequada, a que foram conduzidos, sobretudo, em razão de condições de trabalho reconhecidamente insatisfatórias.

Mais adiante, ao discutirmos o conteúdo dos livros didáticos, voltaremos a tratar da questão da qualidade. Passemos, agora, a analisar outro ponto: o da quantidade.

A quantidade

O Governo Federal distribuiu, no ano de 1995, cerca de 60 milhões de livros didáticos aos alunos do primeiro grau e já anunciou que, em 1996, o total de livros a serem distribuídos será de cerca de 110 milhões. Como o número de matrículas nesse nível de ensino é de cerca de 28 milhões, isto significa que cada estudante deverá receber, em média, 4 livros apenas no ano em curso. Seria de se esperar que todos os alunos resultassem plenamente atendidos, no máximo, em um período de dois anos consecutivos. Seguramente, não é este o caso. Basta lembrar que, em três anos consecutivos, entre 1989 e 1991, mais de 200 milhões de livros didáticos foram distribuídos para praticamente a mesma população de estudantes. Onde estão tais livros agora? Foram literalmente consumidos, em razão, sobretudo, de uma forma inadequada de distribuição dos mesmos.

Aí se encontra, com segurança, o busílis da questão: os livros são distribuídos aos estudantes quando deveriam sê-lo às escolas. Em cada sala de aula, deveria haver prateleiras com os livros a serem utilizados pelos alunos, um livro para cada um. Na biblioteca da escola, um número razoável de livros deveria estar disponível para aqueles que desejassem retirar e levar para casa. Mantidos os atuais níveis de distribuição pelo Governo, em um ou dois anos, todas as salas de aula passariam a dispor de livros de todas as disciplinas, para todos os alunos. Com mais um ou dois anos, todas as bibliotecas estariam supridas com um acervo suficiente para atender aos que desejassem retirá-los. Haveria, naturalmente, um aumento expressivo no número de bibliotecas escolares a serem alimentadas. A partir daí, o trabalho a ser realizado seria basicamente o de manutenção, de atualização, ou o de substituição total de natureza tópica, em uma ou outra área.

Naturalmente, uma tal perspectiva pressupõe algumas condições básicas, como uma alteração significativa na forma de utilização dos livros - já referida anteriormente, - além de certa estabilidade nos títulos disponíveis. Se a primeira das condições citadas esbarra nas precárias condições de trabalho dos professores, a segunda não parece em sintonia com os interesses comerciais das editoras, para os quais a presente situação pode parecer preferível. Entretanto, tal aparência pode ser enganosa, uma vez que a situação atual conduz a uma dependência muito acentuada das editoras em relação aos órgãos governamentais que compram os livros a serem distribuídos. O aumento do número de bibliotecas, conjuminado com o da autonomia das unidades escolares, poderia contribuir para uma maior descentralização das compras. O incremento no número de títulos vendidos poderia compensar amplamente a diminuição das vendas por título. E há ainda o fato de que a sazonalidade das vendas poderia ser bastante atenuada, no caso de uma contínua atividade de manutenção e atualização dos acervos das escolas e das bibliotecas.

Temas como a qualidade ou a quantidade de livros didáticos

disponíveis para os estudantes da escola básica encontram-se, naturalmente, associados a problemas financeiros, a questões de custo. Discutiremos tais aspectos, a seguir.

O custo

Não há como tergiversar: o livro didático no Brasil é caro. Lidando-se com tiragens de dezenas de milhares, muitas vezes, de centenas de milhares, não há como entender-se um custo unitário de 20, 30 reais, ou até mais.

As editoras alegarão, naturalmente, os custos da produção, onde o livreiro ou o distribuidor abocanham uma parcela expressiva - nunca inferior a cerca de 30% - do preço de capa. Os direitos autorais, que nunca ultrapassam cerca de 10% do referido preço, na maioria das vezes situando-se muito abaixo de tal patamar - ou mesmo, da metade dele - são regulados por contratos padronizados, draconianos, e dificilmente poderiam ser responsabilizados pelo custo excessivo dos livros. Neste terreno, além da freqüente falta de regularidade e da arbitrariedade quase geral na fixação das datas de pagamento, ocorrem absurdos do seguinte tipo: nas vendas aos órgãos governamentais, como o preço efetivo de venda é muito menor do que o do mercado, a porcentagem de direito autoral também costuma ser diminuída. Assim, se um livro que custaria 10 reais tiver sido vendido por 5 reais, os direitos autorais, que seriam, digamos, de 8%, passarão a ser de 4%, numa insólita compreensão do significado da porcentagem.

No caso dos livreiros ou distribuidores, subjaz a questão do dimensionamento do papel do intermediário, às vezes, mero "atravessador", que não é peculiar à distribuição do livro enquanto produto. Entretanto, o custo excessivo do livro decorre, segundo cremos, de uma opção inicial dos editores por determinado tipo de produto: o livro "de luxo". Paradoxalmente, enquanto no inessencial mercado de automóveis, há algum tempo, convivem os chamados modelos "populares" e os modelos mais luxuosos, no mercado de livros didáticos, as edições simplificadas praticamente inexistem. A utilização de quatro cores, por exemplo, é um fator de encarecimento que, muitas vezes, pouco contribui para a qualidade do livro. Grande parte das páginas coloridas o são de modo perfunctório e artificioso, funcionando, na melhor das hipóteses, como cenários de fogos de artifícios, com idêntica fugacidade, e em muitos casos, como mera poluição visual.

As novas tecnologias informacionais, que contribuíram de modo expressivo para a diminuição nos custos da produção editorial, eliminando etapas como a datilografia dos originais e eliminando ou simplificando tarefas relativas à diagramação ou à composição, não parecem ter provocado alterações significativas no custo final. Em termos comparativos, o preço de uma calculadora eletrônica com as operações ou funções básicas, despencou, nos últimos 20 anos, tornando-se muito mais acessível do que o de um livro didático. Certamente a comparação não se justifica em termos de processo de produção, servindo apenas para evidenciar a dificuldade de acesso ao livro em razão de seu custo.

A idéia de uma simplificação na produção gráfica, sem prejuízo da qualidade, com uma sensível diminuição no preço final, tem sido explorada em diversos países - considerados desenvolvidos -, para aumentar a acessibilidade a textos de diferentes tipos. Séries como a *Dover Thrift Editions* (Canadá, EUA, Grã-Bretanha), apresentando clássicos em texto integral, a preços que variam entre 1 dólar e 2 dólares, como a *Alianza Cien* (Espanha, preço equivalente a 1 dólar), ou ainda, como a *Tascabili Economici Newton* (Itália, 100 pagine/1000 lire) expressam a viabilidade da produção a baixo custo, sem qualquer prejuízo no que se refere à qualidade.

No caso dos livros didáticos, a utilização de diversas cores ou de um papel mais sofisticado tem sido tratada como condição *sine qua non* para a edição, o que consideramos uma suposição equivocada pelo menos por duas razões. Em primeiro lugar, é possível produzir-se obras graficamente muito bem elaboradas dispondo-se apenas de uma cor (com seus inúmeros tons) ou de duas cores. Existem ainda opções sóbrias para o papel a ser utilizado, possibilitando um acabamento digno a um preço razoável. Em segundo lugar, parece preferível disseminar o uso adequado do livro didático - ainda que em edições simplificadas (como as Thrift Editions), tornando-o realmente acessível, em razão de seu baixo custo, independentemente da centralização e da sazonalidade das compras devidas a órgãos governamentais, a investir em sofisticadas produções gráficas, que possivelmente ganharão até prêmios internacionais, mas a um preço de capa absolutamente inconveniente.

Para concluir estas rápidas considerações relativas ao custo do livro didático, vamos insistir em um ponto já referido anteriormente: as editoras vendem livros didáticos aos órgãos governamentais a preços muito mais baixos do que os de mercado - e não há indícios de que tais vendas constituam ações de natureza filantrópica; se se criassem as condições para que o preço de venda ao público em geral fosse igual ao da venda aos órgãos governamentais, já teríamos dado um passo significativo no sentido de uma maior presença dos livros nas salas de aula.

A atualização

Um quarto ponto a ser considerado nesta reflexão é o conteúdo dos livros didáticos, particularmente no que se refere a sua relação com o universo extra-escolar. Afirma-se, muitas vezes, que os livros seriam desatualizados, que não estariam em sintonia com as circunstâncias e as necessidades atuais - mesmo as do mundo científico. Trata-se, mais uma vez, de uma meia-verdade, como mostraremos a seguir.

É verdade que, em algumas áreas do conhecimento, os conteúdos dos livros didáticos parecem mais imunes a mudanças do que em outras: em matemática, por exemplo, o cálculo diferencial e integral - um tema que se constituiu em disciplina no século XVII - permanece ausente dos programas da escola básica, enquanto que em biologia ou em química, temas desenvolvidos no próprio século XX, como a radioatividade ou certos tópicos de genética, sobretudo os relacionados com o DNA, já se encontram regularmente instalados nos currículos. De modo geral, no entanto, não parece justa uma afirmação generalizada da desatualização.

No que se refere à forma, sobretudo a partir da década de 70, paralelamente a uma incorporação descabida de certas características desejáveis apenas nos cadernos, houve um acentuado predomínio dos livros seriados em relação aos compêndios: tornou-se cada vez mais difícil encontrar um livro de álgebra, ou de aritmética, ou mesmo de geometria. Além disso, a prática da excessiva subdivisão dos temas, em muitos casos, em doses iguais ou inferiores à duração de uma aula, fragmentou de tal forma a apresentação dos assuntos que muitos deles tornaram-se francamente irreconhecíveis.

Tal subdivisão é inteiramente consentânea à concepção cartesiana do conhecimento, traduzindo, na prática, as regras do método "de bem conduzir a razão e descobrir a verdade nas ciências": diante de uma tarefa complexa, deve-se decompô-la em tarefas simples, imediatamente apreensíveis, e enumerá-las, encadeando-as numa seqüência necessária. Esse modo de conceber os processos cognitivos encontra-se, desde então, fortemente arraigado na organização dos instrumentos e dos trabalhos escolares, sendo responsável pelo caráter aparentemente definitivo de idéias como as de pré-requisitos, de seriação, de ordem necessária para os estudos, tanto no interior de cada disciplina quanto no planejamento das ações interdisciplinares.

No mundo do trabalho, as pressuposições cartesianas conduziram a alguns desvios, associados principalmente às práticas tayloristas de multiparcelamento de tarefas, a serem realizadas por "especialistas", em geral desconhecedores do projeto global que contribuem para realizar. Hoje, a concepção de especialista não mais se coaduna com os preceitos cartesianos: um especialista é alguém que é capaz de atuar como assessor ou consultor na realização de um projeto, cujo conhecimento integral é uma condição prévia para a assessoria/consultoria. Se no mundo do trabalho tal concepção de especialização já se instaurou, no interior da escola, nos diversos níveis de ensino, ela ainda se encontra muito distante. Quando se fala em desatualização dos livros didáticos, é precipuamente neste sentido que tal carapuça pode ser vestida.

De fato, se a parafernália de instrumentos computacionais é capaz de fornecer recursos gráficos suficientes para transformar o livro como objeto - ainda que grande parte deles produza efeitos de simples cosméticos - o mesmo não se pode afirmar no que se refere à configuração epistemológica do livro didático. Mesmo nos livros produzidos da forma tecnicamente mais sofisticada, a noção de conhecimento que subjaz é francamente cartesiana, fragmentando e hierarquizando excessivamente os subtemas, levando a sério além do necessário as distinções entre as fronteiras disciplinares, não incorporando minimamente certas transformações paradigmáticas, presentes inclusive na concepção de tais recursos informacionais.

Assim, em um livro didático, de modo geral, poucas vezes se consegue escapar da apresentação convencional, que distingue com nitidez o momento da teoria do momento dos exercícios de aplicação; estes, por sua vez, quase sempre limitam-se a problemas estereotipados, onde também se distingue com nitidez os dados - sempre os necessários e suficientes para a resolução - dos pedidos, a serem determinados com a utilização dos dados. Tanto o momento da formulação do problema, a partir de uma situação concreta onde a questão a ser respondida ainda não está nitidamente formulada, quanto a etapa do reconhecimento dos dados que serão necessários para a resposta a tal questão costumam ser subestimados e simplificados excessivamente, fornecendo-se o problema pronto, bem formulado - às vezes, até equacionado -, carecendo apenas da aplicação da "teoria" aprendida.

Uma tentativa de romper com tais estereótipos tem sido levada a efeito, nos últimos anos, com o aparecimento de um número expressivo de textos conhecidos como "paradidáticos". Nestes, os temas costumam ser apresentados de modo menos comprometido com o isolamento e a fragmentação cartesianos, buscando-se construir o significado dos mesmos a partir de suas múltiplas relações com diferentes áreas do conhecimento, transitando-se de modo mais instigante por entre as diversas fronteiras disciplinares. Esse tipo de livro, no entanto, ainda busca o reconhecimento como um recurso fecundo em termos pedagógicos, aspirando à ultrapassagem do estatuto de mero "aperitivo", a ser seguido pela "refeição" propriamente dita constituída pelo livro didático.

Também os jornais, em diversos países, têm buscado sublinhar suas possibilidades como recurso pedagógico, elaborando programas de utilização em sala de aula cujas metas evidenciam certas limitações dos livros didáticos que não lhes são inteiramente intrínsecas, decorrendo, em grande parte, da idéia de conhecimento subjacente, que necessitaria ser seriamente repensada.

Assim, se há uma desatualização de que os livros didáticos efetivamente padecem, ela se refere muito mais à concepção de conhecimento que implicitamente veiculam, em todas as áreas, do que a informações tópicas, nos diversos temas abordados.

Conclusão

O livro didático é um tema candente, envolvendo questões complexas, para as quais, muitas vezes, têm sido propostas respostas excessivamente simplificadas.

Nestas reflexões, procuramos mostrar que, entre nós - assim como em todos os lugares do mundo - existem hoje, existiram no passado, e provavelmente sempre existirão livros de boa qualidade e livros de qualidade duvidosa; toda generalização no que respeita à má qualidade parece resultar de insipiência ou de má fé. A forma mais freqüente de utilização dos livros - que consideramos inadequada - superestima o papel dos mesmos, em relação a outros instrumentos para o trabalho pedagógico, conduzindo à escolha, por parte dos professores, daqueles que oferecem mais "facilidades". É necessário repensar-se, pois, o papel do livro didático, mantendo-se seu caráter necessário mas redimensionando-se sua importância relativa. O professor não pode abdicar do privilégio de projetar os caminhos a serem trilhados juntamente com os alunos, conformando-se aos oferecidos pelo livro didático, ainda que de boa qualidade. Ao assumir a responsabilidade de determinar os rumos de suas aulas, articulando múltiplos materiais didáticos, diminuirão naturalmente as exigências relativas ao livro, tornando aceitáveis como coadjuvantes muitos textos que seriam reprovados como protagonistas dos trabalhos em classe.

No aspecto relativo à quantidade dos livros disponíveis para os alunos do primeiro grau na escola pública, argumentamos ainda no sentido de apontar uma inadequação na forma de distribuição dos mesmos pelos órgãos governamentais. Esta deveria visar fundamentalmente às escolas e não aos alunos. A doação às escolas possibilitaria uma somatória dos esforços no sentido da consolidação do suprimento; a doação anual aos alunos inviabiliza tal estabilização, satisfazendo apenas aos interesses comerciais mais imediatistas das editoras. Se os livros fossem distribuídos às escolas, em poucos anos, todas as salas de aula estariam supridas com textos suficientes para todos os alunos, as bibliotecas também teriam exemplares suficientes para empréstimo aos que desejassem, e as compras seriam estabilizadas em um patamar razoável, consistindo basicamente na atualização de alguns poucos títulos, ou em substituições tópicas, em áreas específicas.

No que se refere ao custo do livro didático, entre nós, certamente ele é excessivo, em razão, sobretudo, de uma opção explícita pelo livro "de luxo", sem a oferta de modelos "populares". A edição de tais modelos "populares" não significaria necessariamente abdicar da qualidade; os livros didáticos, efetivamente, poderiam custar muito menos - e muitas vezes, são vendidos por preços realmente baixos, para os órgãos governamentais. A qualidade gráfica não pode ser identificada com o recurso a papéis sofisticados ou com um uso exagerado de cores, quase sempre de modo apenas supérfluo. É certamente preferível ter-se um livro mais barato, acessível a um público bem mais amplo, ainda que utilizando apenas uma ou duas cores e um papel mais simples, do que modelos destinados a ganhar prêmios editoriais no exterior, mas de preço inacessível para a maioria dos alunos.

Quanto à pretensa desatualização dos livros didáticos, ela efetivamente existe, mas não se refere, em geral, aos conteúdos tratados, nas diversas áreas do conhecimento, nem aos recursos formais para a elaboração do livro enquanto objeto. Ela é particularmente notável na falta de sintonia entre a concepção de conhecimento que subjaz aos temas tratados nas diferentes disciplinas, fortemente comprometida com os paradigmas cartesianos de fragmentação e hierarquização dos conteúdos, e a que emerge, nos últimos 40 ou 50 anos, do universo extra-escolar, particularmente do mundo do trabalho. Nesta última, as fronteiras disciplinares são muito flexíveis, os significados são construídos a partir de múltiplas relações, envolvendo diferentes áreas do conhecimento, os encadeamentos lineares dão lugar a um entrelaçamento de noções que relativiza sensivelmente idéias como as de pré-requisitos, seriações ou ordenações necessárias para os temas a serem estudados. Neste sentido, os chamados livros "paradidáticos" costumam apresentar certas características francamente desejáveis nos livros didáticos.

Para concluir, uma última observação. Em diferentes momentos, ao longo da história das análises e críticas da qualidade e das funções dos livros didáticos, espectros de controle de qualidade por parte do Governo puderam ser vislumbrados, surgindo idéias de comissões nacionais de avaliação, de elaboração de listas de livros com certificado de "qualidade", ou até de produção de textos por parte do poder público. Consideramos medidas desta estirpe francamente inoportunas, estando destinadas apenas a aumentar ainda mais os problemas existentes no setor. Já existem intrumentos e foros adequados para a gestação nas transformações relativas à produção e à forma de utilização do livro didático. A produção de livros de baixo custo pode ser estimulada pelos órgãos governamentais de diferentes maneiras. Os cursos de formação de professores devem procurar influir na constituição de uma forma de utilização mais adequada dos livros didáticos. As universidades devem incrementar a participação, através de seus docentes, na produção de materiais didáticos atualizados, sobretudo no que se refere à sintonia com os paradigmas emergentes relativos à concepção de conhecimento. Tais materiais, no entanto, devem ser oferecidos ao público em geral, podendo ser adotados ou não, em decorrência de seus eventuais méritos.

O estímulo à produção de textos didáticos de boa qualidade e de baixo custo pode advir, portanto, de diferentes fontes, de múltiplas formas. É fundamental, no entanto, ter-se sempre o cuidado de evitar o oficialismo ou o caráter policialesco na proposição das ações a serem realizadas.

7

Sobre o ensino médio: máximas e mínimos

Introdução: um cenário em transformação

Já foi dito que a eficiência do sistema escolar secundário é um dos melhores meios de se avaliar globalmente qualquer sistema educacional[1]. No caso brasileiro, tal indicador parece bastante expressivo: nada poderia espelhar mais fielmente a realidade da educação brasileira do que a precariedade de seu ensino público de segundo grau.

De fato, além da comum ambigüidade relativamente aos objetivos gerais, que oscilam caprichosamente ao longo do tempo entre o propedêutico e o profissionalizante, ou do aparente dilema formação geral x formação específica, alguns dos problemas educacionais também associados a outros níveis de ensino encontram-se presentes, nesse nível, de forma especialmente aguda, como é o caso, por exemplo, do crescimento insuficiente do número de vagas disponíveis, ou da excessiva fragmentação do conhecimento nas disciplinas usualmente ministradas.

Uma das características mais nítidas do ensino secundário, no entanto, pode servir-lhe de handcap positivo nas atuais propostas de reformulação: de modo geral, em diferentes países, tal nível de ensino é o último a organizar-se. Assim, como o aspecto decisivo das reformas educacionais, em todos os níveis, parece ser justamente o repensar-se as formas de organização, no caso do ensino secundário brasileiro, em que as mudanças na legislação têm sido tão freqüentes - pelo menos dez, apenas no Período Republicano[2] -

1Ver EBY, 1973, p.463.
2Ver PILETTI, 1993, p.23 e seguintes.

praticamente não existe uma cristalização de regras a serem ultrapassadas: no atual ensino de segundo grau, tudo está por se fazer.

Não obstante tal fato, para tirar-se proveito de um *handcap* como esse, é necessário procurar caminhos que transcendam os paradigmas organizacionais ainda vigentes, hegemônicos no universo educacional, mas em trajetória descendente, no mundo do trabalho.

Como se sabe, as relações entre o mundo do trabalho e o do conhecimento nem sempre apresentaram as mesmas características, em diferentes épocas ou culturas. Na Grécia antiga, por exemplo, predominou uma separação radical entre essas duas esferas da atividade humana. É apenas a partir da Revolução Industrial do século XVIII que oconhecimento aproxima-se do trabalho, florescendo a idéia de que era necessário estudar para poder-se trabalhar, de que o mundo do trabalho deveria organizar-se de acordo com os paradigmas do conhecimento organizado. No mundo grego, pensar-se em estudar para poder trabalhar soaria simplesmente como uma idéia absurda: o mundo do trabalho era o do escravo, o do artesão, enquanto o do conhecimento era o do *logos*, o da *episteme*, não havendo via de comunicação entre ambos. Apenas no período industrial, as idéias de *techné* e de *logos* se aproximam e estabelecem formas de interação. O conhecimento, então, passa a visar à ação, a ser aplicado ao trabalho, emergindo daí a palavra *tecnologia* com um significado próximo do atual.

É nesse período que a elaboração de Enciclopédias passa a constituir um empreendimento intelectual importante. A *Encyclopédie,* organizada na França por D'Alembert e Diderot (1751), constitui um exemplo célebre. Nela, encontram-se registrados os conhecimentos necessários para o desempenho das diversas profissões reconhecidas na época. Também na Grã-Bretanha, surgem, mais ou menos na mesma época, trabalhos que visavam à aproximação entre o saber acadêmico e o saber técnico, como o *Harris Lexicon Technicum (1704)*. De um modo geral, uma enciclopédia tem, na época, o significado de um empreendimento onde a matéria-prima é a informação, onde o conhecimento é tratado como mercadoria, sobre a qual se exerce o direito de propriedade.

Paralelamente, entre 1750 e 1850, surgem as primeiras escolas superiores de formação profissional, como a primeira Escola de Engenharia, em Paris (1747), ou a primeira Escola de Agricultura, na Alemanha (1770).

No período compreendido entre a citada Revolução Industrial e meados do século XX, a organização social e econômica corresponde ao que se convencionou chamar de Sociedade Industrial. O capitalismo mercantil dos séculos XV, XVI e XVII transmuta-se paulatinamente no capitalismo industrial que irá predominar no século XIX e na primeira metade do século XX. A pretensão maior é a de colocar o conhecimento a serviço do trabalho no sentido industrial e inúmeros desvios podem ser registrados. Entre eles, deve situar-se uma fragmentação excessiva das tarefas, tendo em vista uma organização supostamente científica das ações, mas que conduzia freqüentemente a uma alienação crescente. O taylorismo fornece os elementos básicos para a caracterização de tal modo de operar, que tem no fordismo, nas linhas de montagem, sua realização máxima.

No cenário epistemológico onde se enraízam tais concepções estão as idéias cartesianas de decomposição de tarefas complexas e posterior encadeamento hierárquico das tarefas simples constituintes, organizadas seqüencialmente. Tanto na relação entre as disciplinas quanto na estrutura interna de cada uma delas, as palavras-chave para a organização dos trabalhos são: encadeamento lógico, causalidade, ordem necessária dos estudos, pré-requisitos etc. Ressalte-se ainda que, nesse período, os fatores de produção realmente significativos eram a matéria-prima, a terra, a mão de obra, e apenassubsidiariamente, o conhecimento.

Por volta de 1950, com a invenção dos computadores eletrônicos, um novo período começou a delinear-se, no que se refere às relações entre o mundo do conhecimento e o mundo do trabalho. Com a emergência das novas tecnologias informacionais, o conhecimento passou a ocupar o centro das atenções, tornando-se o principal fator de produção. Não se trata mais de aplicar o conhecimento ao trabalho, mas de uma quase total identificação entre o mundo do conhecimento e o mundo do trabalho. Na verdade, o conhecimento passa a ser aplicado ao conhecimento; aprender a aprender é o que importa, e as novas ciências que ocupam cada vez mais espaço são a Neurociência, a Psicologia Cognitiva, a Inteligência Artificial, englobadas, muitas vezes, no rótulo geral de Ciências Cognitivas.

Esse novo período tem sido chamado de pós-industrial. Muitas transformações estruturais encontram-se em curso, na economia e na sociedade, em grande parte associadas à utilização crescente de novas tecnologias nos setores produtivos, com o crescimento relativo do setor de serviços e a diminuição progressiva dos setores agrícola e industrial. A transformação mais marcante, sem dúvida, é a emergência do conhecimento como o principal fator de produção. Tal fato tem sido acompanhado de uma crescente identificação do mundo do conhecimento com o mundo do trabalho, bem como de mudanças significativas na forma de organização e no próprio significado do trabalho. Enquanto isso, o universo da escolarização formal permanece tributário das concepções cartesianas mais estritas, ou das mais características pressuposições tayloristas relativas à fragmentação das tarefas a serem realizadas. Em grande medida, educadores dos diversos níveis de ensino e nos mais variados espaços do conhecimento ainda não parecem ter dedicado suficiente atenção a tal falta de sintonia.

No caso do ensino superior, um sintoma desse fato pode ser observado na crise mundial do desemprego estrutural. Na verdade, no universo de possibilidades para as ações humanas, não parece faltar o que fazer; faltam, isto sim, "pacotes" de ocupações remuneradas compatíveis com as aspirações dos indivíduos e aceitáveis pela legislação trabalhista em vigor. Quando se observa o quadro de "carreiras" que serve de baliza para os vestibulares de nossas melhores universidades, pode-se perceber o quanto ainda estão próximos do quadro de profissões do período industrial, sendo que algumas das ocupações atualmente mais promissoras, como a produção de softwares, por exemplo, são apenas tangenciadas pelos diversos cursos de formação profissional.

No nível médio, a intenção de uma formação profissional parece ainda mais comprometida com o significado do trabalho no cenário industrial. A contraposição de uma formação técnica a uma formação geral, a especialização precoce em vez da alimentação contínua de múltiplos centros de interesse, e sobretudo o encurtamento do período escolar, em vez de um alongamento do mesmo ao infinito, na perspectiva de uma educação permanente, parecem condenar o elogio do ensino técnico a andar na contramão das transformações em curso.

Também nas escolas de educação básica, os paradigmas cartesianos de decomposição e encadeamento de tarefas, diretamente associados a padrões organizacionais que privilegiam idéias como as de hierarquia, pré-requisitos e seriações, estão a reclamar concepções alternativas consentâneas às transformações nos significados e às imbricações do conhecimento e do trabalho.

Para repensar a educação, em seus diversos níveis, o exame das formas de organização impõe-se, pois, como uma tarefa necessária, sem a qual as iniciativas mais bem intencionadas tendem a ser absorvidas pelos esquemas cristalizados, reforçando a idéia de que plus ça change, plus c'est la même chose[3].

O ensino médio: especificidades

Historicamente, os objetivos do Ensino Médio têm oscilado entre a formação geral, associada a intenções propedêuticas, e o ensino técnico, com sentido profissionalizante. A primeira decorrência da consideração das transformações em curso no mundo do trabalho é precisamente a explicitação da caducidade de qualquer intenção de profissionalização em nível médio.

De fato, no que se refere à inserção no mundo do trabalho, a idéia dominante é a do fim de qualquer periodização nítida formação/atuação, na perspectiva de uma educação continuada, de uma formação permanente. Conforme já se sublinhou anteriormente, em vez de aprender determinadas técnicas, ou a utilizar determinados instrumentos, com períodos de obsolescência cada vez mais curtos, aprender a aprender é o que importa. A todos deve ser propiciada uma formação geral suficientemente rica, envolvendo múltiplos interesses e disciplinas, que favoreça a construção de uma autonomia intelectual para estudar, aprender e ensinar ao longo de toda a vida. A esse respeito, vale a pena mencionar um recente trabalho sobre o tema, publicado sob os auspícios da UNESCO:

Não é lógico que, como acontece hoje, as escolas coloquem a cultura a serviço da profissão, quando deveria acontecer exactamente o contrário. Para além do mais, espera-se que no futuro se reequacionem as relações educação e trabalho, de tal modo que ambas se tornem compatíveis desde idades muito jovens e até praticamente ao fim da vida activa. Tudo isso contribuiria, segundo

---

3Alphonse KARR, 1808-1890.

penso, para um declínio da obsessão que a educação formal actual demonstra em relação à preparação profissional. Esta tornar-se-ia então numa responsabilidade partilhada por uma pluralidade de indivíduos e instituições, abandonando em boa parte o espaço das actuais salas de aula.[4]

Um segundo aspecto característico do Ensino Médio, que que se alia ao anteriormente citado, é a apresentação da importância da Educação como fator de desenvolvimento econômico. Argumenta-se que sem um número mínimo de anos de escolaridade, que incluiria, naturalmente, o ensino secundário, não haveria condições adequadas para um funcionamento satisfatório da economia. Exemplos como o do Japão, ou o dos chamados "Tigres Asiáticos", onde a quase totalidade da população completa tal nível de escolaridade, em contraposição ao caso brasileiro, onde o número de alunos no segundo e no terceiro graus de ensino corresponde, aproximadamente, a 3% e a 1% da população, respectivamente.

É fácil sucumbir à sedução da argumentação acima, mas para apreciá-la devidamente é importante sublinhar a freqüente inversão que ela, muitas vezes, pressupõe: a Educação deixa de ser finalidade do desenvolvimento, tornando-se apenas instrumento para a realização das metas econômicas. A esse respeito, pode ser útil mencionar um outro trecho do trabalho da UNESCO anteriormente referido:

Até agora o sistema educativo foi essencialmente encarado num ângulo instrumental de factor importante de crescimento económico e de vantagem competitiva das nações. Os compêndios vulgarmente consagrados sobre teoria do desenvolvimento encheram-se de cálculos de taxas de rentabilidade do investimento educativo provando à saciedade os retornos aos respectivos financi-

---

4 Garcia Garrido, apud LANDSHEERE, 1996, p. 32.

amentos. ... Ensaios de regressão econométrica realizados no âmbito do Banco Mundial (Londres, 1995) pretendem até demonstrar que a explosão das economias asiáticas tem por suporte um nível educativo da população activa manifestamente superior ao "esperado", enquanto outras regiões como o Sul da Europa, o Norte da África e a América Latina ostentam insuficiências estruturais de educação (2 a 3 anos de défice de escolaridade média) relativamente ao que seria "expectável" em função do rendimento per capita registado nessas zonas. ... Mas a fileira de investigação mais rica é aquela que, debruçando-se sobre um mundo mergulhado num oceano de imaturidade de factores intangíveis, aposta na incomensurável riqueza do sujeito activo do desenvolvimento: a pessoa humana. Neste entendimento, a educação deixa de ser encarada como instrumento para adquirir o estatuto de finalidade nobre do desenvolvimento, ou seja, é valor superlativo de humanidade e civilização. A economia deixa, por conseguinte, de se justificar por si própria ou de constituir-se em centro de gravidade soberano de toda a lógica de funcionamento das sociedades. Ao contrário, a recuperação da centralidade humanista presente em todas as grandes civilizações e culturas universais recoloca o Homem e a sua caminhada ascensional no fulcro da interpretação histórica.[5]

Um terceiro aspecto do ensino médio, que se articula com os anteriores mas tem uma característica bastante específica e uma influência muito acentuada sobre quaisquer ações intentadas é sua relação com os exames vestibulares aos cursos superiores de formação profissional. Tais exames constituem, de modo geral, a declaração mais explícita da caducidade da forma de organização dos cursos superiores. A despeito do putativo rigor, mesmo os exames vestibulares das maiores e mais conceituadas universidades brasileiras não parecem realizar a tarefa a que se propõem. Na USP, por exemplo, apesar de

5Carneiro, apud LANDSHEERE, 1996, p.45.

cerca de 130 mil candidatos disputarem por volta de 7 mil vagas nos diversos cursos, são muito freqüentes as reclamações com relação ao "nível" dos alunos ingressantes em algumas carreiras. As falhas, naturalmente, sempre são atribuídas aos candidatos, supostamente mal preparados, ou às escolas, que não teriam qualidade suficiente, em sua maioria. A natureza do processo de seleção poucas vezes é questionada.

Em um seminário sobre inovações educacionais recentemente realizado na FEUSP, um professor da Escola Politécnica da USP, que visitou recentemente o Japão, relatou algumas experiências interessantes que estariam sendo realizadas em algumas universidades japonesas, onde o processo de seleção estaria levando em consideração, além do aproveitamento nas disciplinas da escola secundária, outras atividades realizadas pelo adolescente durante os anos de estudo, como participar de grupos de trabalho comunitário, por exemplo. A preocupação principal subjacente é a da valorização de cada pessoa de modo mais abrangente, levando-se em consideração todo seu espectro de habilidades, de competências, e não apenas o volume de dados, de informações, ou mesmo de conhecimento, acumulados sem qualquer sabedoria.

Entre nós, os vestibulares estão muito longe de semelhante alargamento de perspectivas. Sua natureza é, de modo geral, fragmentária, e técnica no mais pobre dos sentidos, na medida em que, por exemplo, não se permite aos candidatos a utilização de qualquer recurso tecnológico, nem mesmo o de uma calculadora eletrônica simples. A despeito desse caráter caricato, pretende-se, muitas vezes, direta ou indiretamente, que os vestibulares sirvam de balizas para orientar o ensino médio. Qualquer transformação menos perfunctória que se intente será imediatamente submetida à questão fatídica: "E o vestibular, como fica?" Por outro lado, muitas vezes já se tentou agir sobre o ensino médio, produzindo transformações consideradas desejáveis, através da introdução de algum tipo de alteração no vestibular, como ocorreu com as provas de redação, ou com a introdução ou a retirada dos conteúdos introdutórios de cálculo diferencial e integral, para citar apenas alguns exemplos. Tais expedientes não passam, naturalmente, de tentativas de corrigir a febre através do esfriamento do termômetro.

A idéia de um balizamento do ensino médio através das expectativas dos vestibulares aos cursos superiores é exdrúxula em múltiplos sentidos mas bastariam os dados numéricos relativos ao ensino de segundo e de terceiro graus para evidenciar seu caráter estapafúrdio: enquanto a expansão do segundo grau de um patamar de menos de 20% da população para a maior parcela possível da mesma, superior a 90%, como em países desenvolvidos, constitui uma tarefa urgente, consentânea com uma perspectiva de educação permanente, o curso superior nem de longe é uma meta generalizável para todos, aqui ou em outros países. A diversidade de interesses dos indivíduos, em geral, faz com que os caminhos para a realização pessoal e profissional sejam múltiplos, todos igualmente valorizados, do ponto de vista do significado social. A necessidade de uma educação permanente não pode ser confundida com a mera busca de uma escolarização formal em nível cada vez mais "elevado", nem com a perseguição de diplomas ou certificados, cuja importância relativa, na totalidade das realizações individuais, é cada vez menor.

Para deixar, no entanto, de ter como metas quer uma profissionalização precoce, em um mundo onde uma formação geral para a aprendizagem é a regra,onde aprender a aprender é o que importa; quer um desenvolvimento econômico, que deveria ser meio para um pleno desenvolvimento humano; quer a preparação para um vestibular, tão comprometido com formas extemporâneas de organização do conhecimento, o ensino médio deve abdicar da caracterização de seus objetivos em termos excessivamente específicos.

Em consonância com as transformações em curso no mundo do trabalho, onde o conhecimento tornou-se o principal fator de produção, onde a perspectiva é o do fim da periodização nítida estudo/trabalho, *na perspectiva de uma aprendizagem permanente, a educação, em todos os níveis, deve visar à construção da cidadania, entendida como a construção de instrumentos de articulação entre os projetos individuais e os projetos coletivos. Uma alfabetização plena, que inclui elementos de múltiplas linguagens, de formas contemporâneas de expressão e comunicação, como a matemática ou a informática, constitui, sem dúvida, instrumental básico para a construção da cidadania, assim como um conhecimento articulado sobre a dinâmica da ocupação dos espaços, sobre a construção histórico-social das significações. Tais dimensões não podem ser pensadas de modo independente, alimentando-se de modo simbiótico e compondo um cenário global onde as concepções de ciência e de tecnologia desempenham um papel estruturante.*

Se a construção da cidadania é a meta máxima da educação em seu sentido mais amplo, no caso da educação formal, a especificidade de cada nível de ensino deve estar associada apenas à adequação dos instrumentos que podem ser postos à disposição dos indivíduos, em cada faixa etária, para servir a seus projetos. Os objetivos das disciplinas escolares não pode ser outro, senão a viabilização dos projetos de vida, articulados em seus níveis individual e coletivo através de uma arquitetura de valores socialmente acordados. Sobretudo no ensino médio, no entanto, afirmar-se que *vale a pena estudar porque é obrigatório, porque faz aumentar a cultura ou, simplesmente, porque é necessário para ser aprovado nos exames, não constitui a resposta mais adequada à exigência de sentido que os estudos devem revestir e que os próprios estudantes requerem. É na percepção clara dos estudos como meios ou actividades intermediárias úteis à concretização de projectos de vida que repousa a atribuição de sentido e de valor instrumental à escola e aos estudos, que aparecem assim com interesse mobilizador.*[6]

Já foi dito que as pressuposições cartesianas constituíram o fundamento epistemológico para o período industrial, justificando o taylorismo, o fordismo, bem como sustentaram as organizações curriculares que predominam até hoje, onde idéias como pré-requisitos, ordem necessária para os estudos soem ser tão superestimadas que a mera possibilidade de concepções alternativas soa como absurdo ou contra-senso. Hoje, no entanto, a integração entre o mundo do conhecimento e o do trabalho dá-se de modo a transcender o paradigma cartesiano. Diversas publicações têm apontado o que seriam "erros de Descartes", tanto na inevitável alienação decorrente de uma fragmentação excessiva das tarefas quanto, por exemplo, na pressuposição da nítida separação entre os domínios da razão e da emoção. *Já há algum tempo, a ciência busca novas formas de organização, novos paradigmas para a construção e a compreensão das significações sociais. A área de ciência e tecnologia deve atentar para tais transformações e procurar formas de atuação no ensino médio que viabilizem uma sintonia mais fina entre as ações docentes e a realidade do mundo do trabalho.*

A área de ciência e tecnologia

Entre as transformações paradigmáticas em curso no universo anfíbio do conhecimento/trabalho, sublinharemos apenas algumas especialmente relevantes para repensar-se as formas de organização do ensino médio. *O estatuto da ciência*

6Abreu, apud FONSECA, 1994, p.73.

e da tecnologia estrutura-se a partir de transformações nos significados do próprio conhecimento e da inteligência, simbioticamente associados às novas tecnologias informacionais, das disciplinas e de suas formas de interação, da importância crescente dos especialistas, em seus novos avatares, e sobretudo da emergência da idéia de projeto como forma paradigmática de organização do trabalho, nos mais variados espaços da atividade humana.

O debate em torno da concepção de conhecimento, da natureza dos processos cognitivos, em busca de uma orientação para a prática docente, apesar de fundamental para a emergência de uma trabalho interdisciplinar, tem-se concentrado, nas últimas décadas, em um ponto ilusoriamente importante: a questão da construtibilidade. De fato, o deslocamento das atenções de um eixo, onde se destacavam as idéias de consciência como um balde vazio a ser preenchido ou como um holofote a focalizar o tema em exame, para outro, onde ocupa posição de relevo a contraposição entre a existência de elementos inatos ou a total construtibilidade do conhecimento, foi fecundo e ainda permanece alimentando interessantes pesquisas, apesar de um visível desgaste. De fato, a idéia de que o conhecimento é algo que se constrói, sobretudo a partir do que as crianças já sabem, é de uma banalidade tal que não mereceria maiores comentários, se não fosse, como costuma ser, repetida tantas vezes, com seriedade e circunspecção, como se se tratasse do registro de algo absolutamente novo e alvissareiro.

A questão fundamental do debate entre o construtivismo, como em Piaget, e o inatismo, como em Chomsky, não era essa, mas sim a da existência ou não, na ontogênese do conhecimento, de uma estrutura inicial inata; Chomsky diria que sim, enquanto Piaget nega peremptoriamente a existência de tais estruturas iniciais, estabelecendo que inato é apenas o "funcionamento da inteligência", seja lá o que isso signifique. A partir daí, ambos concordam em que, por diferentes percursos, o conhecimento deve ser construído através das ações e da interação com o meio: enquanto Piaget postula certo isomorfismo entre a estruturação das ações e a estruturação do raciocínio lógico dos indivíduos, Chomsky atribui às ações o papel de "chave de ignição" dos processos cognitivos, não pretendendo que exista qualquer semelhança analógica entre a estruturação das ações e os processos mentais, tal como inexistem semelhanças estruturais entre o motor de partida e o motor à explosão, em um automóvel.

Em parte em razão do desgaste do debate supra-citado, hoje não parecem existir mais não-construtivistas. E como a ausência de sombra também pode dificultar a visão, diminuiu bastante a nitidez na caracterização do construtivismo em seus inúmeros matizes.

Insistimos, no entanto, em que essa não é a questão principal a ser discutida. A palavra-chave para uma reflexão conseqüente sobre a concepção de conhecimento hoje parece ser a linearidade.

De fato, internamente e no planejamento curricular, a forma de organização linear é amplamente predominante na organização do trabalho escolar, comprometendo-se muitas vezes desnecessariamente com uma fixação relativamente arbitrária de pré-requisitos e com uma seriação excessivamente rígida, que responde em grande parte pelos números inaceitáveis associados à repetência e à evasão escolares.

De um modo geral, a organização linear perpassa o conjunto das disciplinas escolares, embora seja especialmente aguda no caso da Matemática. Aqui, talvez em conseqüência de uma associação direta entre a linearidade e o formalismo, entendido como a organização dos conteúdos curriculares sob a forma explícita ou disfarçada de teorias formais, parece certo e indiscutível que existe uma ordem necessária para a apresentação dos assuntos, sendo a ruptura da cadeia fatal para a aprendizagem.

A característica mais marcante de tal organização é a fixação de uma cadeia linear de marcos temáticos que devem ser percorridos seqüencialmente, expressando passos necessários no caminho do que é considerado mais simples ao mais complexo. Se a cadeia for, digamos, A -> B -> F -> G -> X -> S -> D -> ... , então a não abordagem do tema G impossibilitaria o tratamento do tema X, retendo-se o aluno no ponto G até que o mesmo seja aprendido. Apesar de multiplicarem-se os exemplos de casos em que, por exemplo, o conhecimento de S favoreceu o conhecimento de X, ou de que o conhecimento de X é possível sem o perfeito conhecimento de G, a linearidade, como um dogma, nunca parece ser posta em questão.

Existem, obviamente, etapas necessárias a serem cumpridas antes que outras advenham: por exemplo, não se poderá ensinar os algoritmos usuais das operações básicas a quem ainda não aprendeu a representar os números no sistema de numeração decimal. Entretanto, limitações deste tipo são excessivamente óbvias e claramente insuficientes para condicionar tão fortemente os programas, já aprisionados nas costumeiras seriações. Por exemplo, o fato de na quase totalidade dos livros didáticos a demonstração do Teorema de Pitágoras utilizar-se da noção de semelhança de triângulos não significa, como se poderia pretender, que tal noção deve ser ensinada antes da apresentação de tal teorema. Na verdade, a própria noção de semelhança pode ser apresentada ou motivada a partir do Teorema de Pitágoras, cuja demonstração pode ser apresentada de múltiplas formas, praticamente sem pré-requisitos formais.

Quando se planeja o trabalho anual nas diversas disciplinas, é muito difícil escapar-se de determinações resultantes da pressuposição da linearidade, tanto no interior de cada disciplina quanto no estabelecimento de relações entre as diferentes disciplinas. É célebre uma querela deste tipo no relacionamento entre a Física e a Matemática nos vários níveis de ensino: sem ter estudado funções, não se pode estudar cinemática; sem saber o que é a derivada, não se pode compreender a velocidade ou a reta tangente; sem a integral, não se pode calcular áreas,...etc. Afirmações como estas constituem sempre meias-verdades - ou meias-mentiras. Com igual pertinência, poder-se-ia afirmar, dependendo do contexto, que nunca compreenderá o significado da integral quem não souber calcular áreas (ainda que de retângulos), nunca saberá o que é a derivada se não conhecer a noção de rapidez, de taxa de variação, de velocidade (ainda que constante). No caso específico das relações entre a Matemática e a Física, a querela da precedência do que deve ser ensinado assemelha-se bastante a uma outra de mesma estirpe que se pode formular com relação ao par ovo-galinha.

Na verdade, é necessário refletir com mais vagar sobre tais ordenações, examinando criticamente sua contingência ou seu caráter necessário, que parece estar restrito a situações não muito numerosas, nem de longe justificando a rigidez das seriações e das retenções que são juradas em seu nome.

Uma concepção de conhecimento em que tais cadeias lineares sejam substituídas, tanto nas relações interdisciplinares quanto no interior das diversas disciplinas, pela imagem alegórica de uma rede, de uma teia de significações, poderia, a nosso ver, contribuir decisivamente para a viabilização do necessário trabalho interdisciplinar.

Esta parece-nos ser a chave para a emergência, na escola ou na pesquisa, de um trabalho verdadeiramente interdisciplinar: a idéia de que conhecer é cada vez mais conhecer o significado, de que o significado de A constrói-se através das múltiplas relações que podem ser estabelecidas entre A e B, C, D, E, X, T, G, K, W, etc, estejam ou não as fontes de relações no âmbito da disciplina que se estuda. Insistimos: não se pode pretender conhecer A para, então, poder-se conhecer B ou C, ou X, ou Z, mas o conhecimento de A, a construção do significado de A faz-se a partir das relações que podem ser estabelecidas entre A e B, C, X, G,... e o resto do mundo.

A imagem de um diagrama em rede para representar o conhecimento parece excepcionalmente fecunda e inspiradora para uma organização mais consistente do trabalho escolar. Em *A Comunicação*, como que pegando o mote acima, SERRES[7] escreveu:

Imaginemos um diagrama em rede, desenhado num espaço de representações. Ele é formado, num dado instante (pois veremos que ele representa qualquer estado de uma situação móvel) por uma pluralidade de pontos (extremos) ligados entre si por uma pluralidade de ramificações (caminhos). Cada ponto representa ou uma tese, ou um elemento efetivamente definível de um conjunto empírico determinado. Cada via é representativa de uma ligação ou de uma relação entre duas ou mais teses, ou de um fluxo de determinação (analogia, dedução, influência, oposição, reação, ...) entre dois ou mais elementos desta situação empírica. Por definição, nenhum ponto é privilegiado em relação a um outro, nem univocamente subordinado a qualquer um; ... Existe, enfim, uma reciprocidade profunda entre as intersecções e os caminhos, ou, melhor dizendo, uma dualidade. Um extremo pode ser considerado como a intersecção de duas ou mais vias (uma tese pode constituir-se da intersecção de uma multiplicidade de relações ou um elemento surgir subitamente da confluência de várias determinações); correlativamente, um caminho pode ser visto como uma determinação constituída a partir da correspondência entre duas intersecções preconcebidas (relacionação de quaisquer duas teses, interação de duas situações, etc.).

7SERRES, s/d, p.7.

Permitimo-nos tão longa citação apenas porque a consideramos uma rara confluência de precisão, concisão, riqueza de pormenores descritivos, na tradução da vera idéia que intentamos sugerir: dificilmente poderíamos fazê-lo de modo mais pertinente.

Sobre os diversos percursos possíveis para o deslocamento de um ponto da rede até outro, SERRES[8] afirma:

> De fato é óbvio que este percurso pode passar por tantos pontos quantos desejarmos, e, em particular, por eles todos. Deste modo, não existe nenhum 'logicamente' necessário: o mais curto, isto é, o pequeno circuito entre os dois pontos em questão, pode, eventualmente, ser mais difícil ou menos interessante (menos praticável) que um outro mais longo, transportando, no entanto, mais determinação, mas aberto momentaneamente por esta ou aquela razão.

Registremos ainda que, na ontogênese, a construção de tal rede de conhecimentos não se inicia na escola. À escola, cabe cuidar para que a teias de significações seja reforçada aqui, refinada ali, sempre com o recurso ao enriquecimento das relações ou a construção de novos nós como feixes de relações.

De modo algum a concepção do conhecimento como uma rede de significações implica a eliminação ou mesmo a diminuição da importância das disciplinas. Na construção do conhecimento, sempre serão necessários disciplina, ordenação, procedimentos algorítmicos, ainda que o conhecimento não possa ser caracterizado apenas por estes elementos constitutivos, isoladamente ou em conjunto. Afirmar-se que os procedimentos algorítmicos não esgotam os processos cognitivos não significa que tais procedimentos possam ser dispensados; seguramente não o podem.

8Idem, ibidem, p.8.

Numa analogia com os relacionamentos funcionais no estudo dos fenômenos naturais, é tão verdadeiro que nem todos os fenômenos podem ser expressos por funções lineares quanto o é que nenhum fenômeno pode ser funcionalmente descrito sem referência aos processos lineares, ainda que com a mediação do cálculo. Por mais que se pretenda desenvolver a imagem alegórica da teia cognitiva, a ser desenvolvida de modo contínuo e permanente a partir da proto-teia com que todos aportamos à escola, sempre será necessário um mapeamento para ordenar e orientar os caminhos a seguir, sobre a teia. As disciplinas são os fornecedores naturais de tais mapeamentos.

Em múltiplos sentidos, pois, a escola será sempre um espaço propício ao trabalho disciplinar. Ocorre, no entanto, que as tentativas de equacionamento do trabalho disciplinar na escola tem-se pautado apenas em função de uma das duas dimensões fundamentais: o eixo multidisciplinar - Interdisciplinar. A outra dimensão, o eixo Intradisciplinar - Transdisciplinar tem sido rotineiramente subestimado ou esquecido. Registremos aqui, sucintamente, algumas considerações a respeito.

De modo geral, o trabalho na escola é naturalmente multidisciplinar, no sentido de que faz apelo ao contributo de diferentes disciplinas. Na multidisciplinaridade, no entanto, os interesses próprios de cada disciplina são preservados, conservando-se sua autonomia e seus objetos particulares.

A interdisciplinaridade é hoje uma palavra-chave para a organização escolar; pretende-se com isso o estabelecimento de uma intercomunicação efetiva entre as disciplinas, através da fixação de um objeto comum diante do qual os objetos particulares de cada uma delas constituem sub-objetos.

No eixo multi/interdisciplinaridade, as unidades disciplinares são, portanto, mantidas, tanto no que se refere aos métodos quanto aos objetos, sendo a horizontalidade a característica básica das relações estabelecidas.

Já no eixo intra/transdisciplinaridade, a característica básica das relações estabelecidas é a verticalidade. Na intradisciplinaridade, as progressivas particularizações do objeto de uma disciplina dão origem a uma ou mais subdisciplinas, que não chegam verdadeiramente a deter uma autonomia nem no que se refere ao método nem quanto ao objeto. No caso da transdisciplinaridade, a constituição de um novo objeto dá-se em um movimento ascendente, de generalização. Um exemplo típico é o da educação, um conhecimento naturalmente transdisciplinar. As palavras de CARVALHO[9] parecem-nos especialmente elucidativas a respeito:

> *Com efeito, a idéia de transdisciplinaridade traduz, de uma maneira exacta, a heterogeneidade constitutiva desta ciência em que a multiplicidade das suas vertentes se submete, contudo, à unidade complexa de seu objecto.*

Assim, muito do que se pretende instaurar na escola sob o rótulo da interdisciplinaridade, poderia situar-se de modo mais pertinente sob o signo da transdisciplinaridade. Direta ou indiretamente, contudo, permanece no centro das atenções a idéia de disciplina.

No caso específico da Matemática, uma reflexão crítica sobre o papel que ela deve desempenhar na configuração curricular é imprescindível e inadiável. Em todas as sistematizações filosóficas, constatamos a importância do papel que lhe é destinado, bem como a influência que dele se irradia para todos os relacionamentos disciplinares. Entretanto, a idéia cartesiana da Matemática como a seiva/condição de possibilidade de todos os ramos do conhecimento, apesar de significações distintas das de Comte ou de Piaget, partilha com as

9CARVALHO, 1988, p.93.

mesmas o fato de não atribuir uma especial relevância à língua nossa de cada dia.

Uma correção de rumo parece, então, absolutamente fundamental, uma vez que a língua e a matemática, associadas às tecnologias informáticas, constituem os sistemas básicos de representação da realidade. São instrumentos de expressão e de comunicação e, conjuntamente, são uma condição de possibilidade do conhecimento em qualquer área. Neste sentido, as palavras de GUSDORF[10] são incisivas:

Estudos interdisciplinares autênticos supõem uma pesquisa comum e a vontade, em cada participante, de escapar ao regime de confinamento que lhe é imposto pela divisão do trabalho intelectual. Cada especialista não procuraria somente instruir os outros, mas também receber instrução. Em vez de uma série de monólogos justapostos, como acontece geralmente, ter-se-ia um verdadeiro diálogo, um debate por meio do qual, assim se espera, se consolidaria o sentido da unidade humana. ... A determinação de uma língua comum é a condição do surgimento de um saber novo.

O elogio do trabalho transdisciplinar é especialmente importante no ensino de ciências, usualmente subdivididas em Física, Química e Biologia, nos currículos do ensino médio. A tal fragmentação acrescenta-se outra, de natureza intradisciplinar, sendo a Física, por exemplo, esquartejada em Cinemática, Estática, Hidrostática, Dinâmica, Termologia, Termodinâmica, Eletrostática, Magnetismo, Eletromagnetismo, Óptica, etc. De modo análogo, subdividem-se a Biologia e a Química. Este progressivo esmigalhamento dificulta uma compreensão efetiva das questões científicas verdadeiramente relevantes, fazendo com que

10GUSDORF, 1984, p.35.

conceitos abrangentes especialmente importantes, como, por exemplo, o de entropia, tenha parcas possibilidades de um tratamento escolar no ensino médio. Teorias fecundas e polêmicas, como a da Evolução, quase sempre são tratadas - quando o são - no interior de uma disciplina - a Biologia-, sem uma percepção adequada das múltiplas inter-relações com outros domínios científicos. A Relatividade, a Física Moderna, as geometrias não-euclidianas dificilmente encontram espaços, mesmo para para referências esparsas, uma vez que a simples menção às mesmas, sem o completamento do percurso nas hierarquias cartesianas, parece algo desprovido de propósito.

Como conseqüência de tal distanciamento, a ciência escolar torna-se algo muito distante de suas ocorrências jornalísticas, e os alunos parecem incapazes de compreender minimamente não a solução, mas até a própria formulação dos problemas de que se ocupam os cientistas, de vislumbrar o significado dos resultados que alcançam. O fato de que, cada vez mais, o trabalho científico desenvolve-se em regiões ou objetos transdisciplinares, com a participação de equipes de especialistas, também parece não despertar muita atenção. No entanto, esta sutil transformação no significado do especialista constitui, efetivamente, um fato notável, ainda insuficientemente analisado.

De fato, ao se destacar a importância da formação geral nos diversos domínios científicos e da realização de estudos transdisciplinares não se está sugerindo, nem de longe, a alvorada de uma nova era onde o especialista em uma disciplina não mais terá lugar. Pelo contrário, a importância dos especialistas é cada vez maior. Não a do especialista em sentido taylorista, capaz apenas de realizar com perfeição sua micro-tarefa, sem qualquer interesse nas tarefas dos outros, ou no projeto que se realiza, de maneira global. Na verdade, hoje, o significado do especialista é o de um consultor: ele necessariamente deve conhecer o projeto global, deve ter a percepção nítida das relações entre as diversas tarefas executadas. Ele colabora com sua competência específica mas na qualidade de consultor do projeto em curso. E ninguém se torna consultor se apenas realiza bem sua função, desinteressando-se do resto.

A área de ciência e tecnologia necessita ser repensada, portanto, na perspectiva de uma forma de organização dos trabalhos verdadeiramente nova, com objetos/objetivos transdisciplinares, com a valorização de trabalhos em equipe, formada por especialistas-consultores, mas, sobretudo, com as atenções voltadas para uma palavra-chave nas trasformações em curso no mundo do trabalho: **projeto**.

A palavra *projeto* costuma ser associada tanto ao trabalho do arquiteto ou do engenheiro quanto aos trabalhos acadêmicos ou aos planos de ação educacional, política ou econômica. Em todos os casos, dois são os ingredientes fundamentais sem os quais não se pode ter senão uma pálida idéia do significado de tal palavra: *futuro (antecipação) e abertura (não-determinação).* Como esboço, desenho, guia da imaginação ou semente da ação, um projeto significa sempre uma antecipação, uma referência ao futuro. Distingue-se, no entanto, de uma de previsão, uma prospectiva ou uma conjectura, que são, muitas vezes, efectivamente, representações antecipadoras, mas que não dizem respeito, de modo algum, a um futuro a realizar, anunciando simplesmente acontecimentos susceptíveis de ocorrer, ou uma previsão sobre evoluções possíveis do real passíveis de serem consideradas na elaboração das estratégias dos atores, mas que não se constituem necessariamente em realizações dos mesmos. Por outro lado, uma concepção rigorosamente determinística do real elimina completamente a idéia de projeto; o segundo elemento constituinte de tal idéia é a permanente abertura para o novo, para o não-determinado, para o universo das possibilidades, da imaginação, da criação. As palavras de BARBIER[11] sublinham de modo preciso o que se afirmou anteriormente:

O projecto não é uma simples representação do futuro, do amanhã, do possível, de uma ideia, é o futuro a fazer, um amanhã a concretizar, um possível a transformar em real, uma ideia a transformar em acto.

Sem dúvida, não há projeto sem futuro e, simetricamente, sendo a realidade uma construção humana, pode-se afirmar também que não há futuro sem projeto.

Etimologicamente, a palavra **projeto** deriva do latim *projectus,* particípio passado de *projícere,* algo como um jato lançado para frente; relacionando-se diretamente com outras palavras igualmente fecundas, como **sujeito**, derivada de *subjectus/subjícere* (lançado de dentro, de baixo), ou **objeto**, de *objectum/objícere* (lançado diante, exposto).

A capacidade de elaborar projetos pode ser identificada como a característica mais verdadeiramente humana; somente o homem é capaz não só de projetar como também - e primordialmente - de viver sua própria vida como um projeto. Marx recorreu à idéia de projeto para distinguir o trabalho humano da atividade de uma aranha ou das construções de um castor. Mais recentemente, nos debates sobre o significado da inteligência e a possibilidade de uma "Inteligência Artificial", novamente a capacidade de ter "vontades", iniciativas, de criar, de cultivar sonhos ou ilusões, em outras palavras, de ter projectos, tem sido considerada a característica humana distintiva, tanto em relação aos animais como em relação às máquinas. Um computador, por mais sofisticação que venha a ostentar, ainda que possa vir a realizar certas operações similares às realizadas pela

11BARBIER, 1994, p.52.

mente humana, jamais alimentará sonhos ou ilusões, nunca será capaz de ter projetos "pessoais". Julián MARÍAS[12] sintetizou tal caracterização com maestria ao afirmar:

La realidad humana es primariamente pretensión, proyecto

Sem projetos, não há vida, em sentido humano; excluindo-se o ponto de vista religioso, a morte é o fim de todos os projetos. Desde a idéia original de religação do ser humano com Deus, as religiões, em seus múltiplos avatares, buscam projetar uma outra vida, extraterrena, ou fazer o homem projetar-se até ela.

A educação portuguesa, em tempos recentes, constitui um exemplo elucidativo da atenção que se reivindica para a idéia de projeto. A Lei de Bases do Sistema Educativo (LBSE), formulada no período posterior à Revolução dos Cravos (1974), registra, em seu Art. 2º, que a educação deve organizar-se tendo em vista *o desenvolvimento pleno e harmonioso da personalidade dos indivíduos* e a incentivar *a formação de cidadãos livres, responsáveis, autónomos e solidários.* Em seu Art. 3º, explicita os princípios de organização do sistema educacional, que deve ter em vista *contribuir para a realização do educando, através do pleno desenvolvimento da personalidade, da formação do carácter e da cidadania,* assim como *assegurar o respeito à diferença, mercê do respeito pelas personalidades e pelos* ***projectos individuais de existência.*** A referência direta aos projetos individuais constitui um indício importante da preocupação em valorizar o ser humano, tomando-o como ponto de partida para as ações educativas, ao mesmo tempo em que se busca uma valorização da solidariedade, da tolerância, elementos constituintes da noção de plena cidadania, evidenciando, portanto, um equilíbrio na dupla preocupação de formação pessoal e social.

12 MARÍAS, 1988, p.38.

A idéia de projeto também pode ser associada à escolha de uma profissão. Cada projeto de vida tende a caracterizar-se como a realização de uma vocação, de um apelo, de um chamamento vindo, a um tempo, de dentro e de fora, representando o mais harmonioso encontro possível entre as aspirações individuais e os interesses coletivos. A idéia de vocação aqui evocada pouco tem em comum com as perspectivas religiosas ou inatistas; aproximando-se muito mais da perspectiva profissional, ou da escolha "madura" de uma atividade profissional. As palavras de FONSECA[13] podem servir para explicitar mais as considerações supra-referidas, ao mesmo tempo em que aproximam as idéias de vocação e de projeto:

> A concepção de maturidade vocacional adquire o seu pleno significado inserida num processo que valoriza a noção de projecto como elemento motor e significante das condutas humanas. O projecto profissional, em particular, surge como um suporte concreto que favorece a elaboração de projectos em geral e qu não se limitam ao mundo do trabalho.
>
> É essencial, portanto, que a escolha profissional possa ser inserida em um cenário mais amplo, onde o elemento organizador parece ser justamente os projectos de vida.

Tendo por base a presente perspectiva, onde a idéia de projeto representa o fio condutor para a organização das ações, a educação tende a transformar-se, mais do que nunca, no elemento vital da dinâmica social, tanto na alimentação dos tecidos que compõem e integram a complexa teia de inter-relações indivíduos/sociedade, quanto como fonte de energias necessárias para as transformações a serem implementadas. Novamente aqui as palavras de FONSECA[14] são esclarecedoras:

13FONSECA, 1994, p.61.
14FONSECA, 1994, p.67.

a orientação vocacional deve permitir aos alunos a elaboração de um projecto pessoal de existência que lhes permita exprimir necessidades, aptidões, interesses e valores individuais e ultrapassar constrangimentos diversos, susceptíveis de limitar o leque de opções escolares e profissionais à sua disposição, como o sexo, a origem socioeconómica ou dificuldades de aprendizagem.

A própria organização das atividades didáticas deve ser encarada a partir da perspectiva do trabalho com projetos, sobretudo na Área de Ciência e Tecnologia. O próprio BACHELARD[15], ao caracterizar o universo científico, em um notável trabalho publicado pela primeira vez em 1934, escreveu, incisivo, quando ainda se dispendia muita energia em discussões sobre os papéis relativos do sujeito e do objeto na elaboração do conhecimento:

Acima do sujeito, além do objeto imediato, a ciência moderna se funda sobre o projecto. No pensamento científico, a meditação do objeto pelo sujeito toma sempre a forma do projeto.

Por outro lado, em um trabalho seminal publicado em 1969 e intitulado *As Ciências do Artificial*, Herbert SIMON[16] procura caracterizar o que denomina "a ciência do projecto", destacando que:

Os engenheiros não são os único projectistas profissionais. Projecta quem quer que conceba cursos de acção com o objectivo de trasnformar situações existentes em situações preferidas; a actividade intelectual que produz artefactos materiais não é fundamentalmente diferente da que prescreve remédios a

15BACHELARD, 1968, p.18.
16SIMON, 1981, p.193.

um doente ou da que concebe um plano de vendas para uma companhia, ou uma nova política de bem estar social para um Estado. Assim concebido, o projecto é o núcleo de todo o ensino profissional; é a marca principal que distingue as profissões das ciências. Tanto as escolas de engenharia como as de arquitetura, comércio, educação, direito e medicina se ocupam centralmente do processo do projecto.

Assim, na ciência ou nas profissões, no universo do conhecimento ou no do trabalho, a idéia de projeto há muito sobressai no círculo restrito das noções verdadeiramente iluminadoras, de caráter enciclopédico, transcendendo as fronteiras das disciplinas constituídas e das temáticas supostamente especializadas. Atualmente, mais acentuadamente ainda do que no momento registrado por BACHELARD, o trabalho acadêmico e as atividades de pesquisa em todas as áreas do conhecimento organizam-se precipuamente sob a forma de projetos. *No caso do ensino médio, o trabalho com projetos ainda não tem o mesmo caráter hegemônico, mas é de se esperar que também venha a tê-lo, sobretudo em decorrência da intenção - esta sim, de natureza hegemônica - de aproximar e associar as atividades de ensino e de pesquisa,* possibilitando ao professor desenvolver essas duas dimensões do trabalho docente qualquer que seja o nível de ensino em que atue.

Naturalmente, o trabalho com projetos desloca as atenções do cumprimento de programas estabelecidos disciplina a disciplina para a perseguição de objetivos mais abrangentes, de natureza transdisciplinar, estabelecidos com o cuidado necessário na elaboração de cada projeto. Uma opção desse tipo certamente pressupõe discernimento e sensibilidade por parte dos professores, sempre que possível trabalhando em equipe, na escolha dos temas que conduzirão aos diversos projetos. Alguns fios condutores podem auxiliar na articulação entre as diversas disciplinas, bem como entre os sucessivos projetos, constituindo "enredos" para o desenvolvimento da trama. O recurso à História pode ser um elemento extremamente importante: história das invenções, por exemplo, ou dos meios de comunicação, ou dos meios de transporte, etc. Além do envolvimento da problemática da área de ciência e tecnologia em sentido amplo, envolvendo as diversas disciplinas usualmente presentes no ensino médio, os projetos envolverão, com muita freqüência, disciplinas ou temas de mais de uma das áreas do ensino médio (códigos e linguagens, sociedade e cultura).

É importante estar atento, quando se opta pelo trabalho com projetos, para o fato de que uma escolha adequada das metas é fundamental para o desenvolvimento do trabalho: metas inatingíveis, ou inexpressivas, ou que não são assumidas pelos participantes constituem características em geral indesejáveis e um grande risco de insucesso. Na avaliação de um projeto, a relevância dos objetivos propostos vale tanto quanto o fato de eles terem sido efetivamente atingidos.

Conclusão: máximas e mínimos

As considerações aqui alinhavadas situaram-se na antesala da temática a ser examinada, não conduzindo a qualquer conclusão. Julgamos necessária sua apresentação como ingredientes iniciais passíveis de alimentar um amplo debate que certamente deverá ocorrer.

Não consideramos possível - nem necessária - a elaboração de uma única proposta curricular para o ensino médio, a ser utilizada em todas as escolas brasileiras. Conjuminando-se a diversidade de contextos e a autonomia dos sistemas escolares nos estados e nos municípios, torna-se natural e esperada uma correlata uma grande diversidade de projetos educacionais, traduzindo a riqueza e a heterogeneidade culturais que os embasam.

A despeito da Constituição Federal estabelecer a necessidade de conteúdos mínimos, a serem fixados, que deveriam garantir a unidade nacional, pensamos que tais mínimos deverão ser de tal modo enriquecidos pelas cores e tons locais, contextualizados, enraizados na comunidade e apoiados em seus valores, que sua importância, especialmente no caso do ensino médio, resulta bastante mitigada. Qualquer superestimação de tais mínimos pode significar um desrespeito à autonomia de projetos, algo correlato, no plano individual, a uma "invasão de privacidade". Assim, os conteúdos mínimos devem, a nosso ver, ser realmente mínimos, e as orientações gerais cabíveis devem constituir algo como uma carta de princípios, onde um conjunto de valores socialmente acordados, possam ser encontrados. À guisa de um exemplo, a Declaração Universal dos Direitos Humanos estabelece de modo sucinto mas suficientemente explícito, em seus cerca de trinta artigos, uma lista expressiva dos direitos fundamentais a que todos fazem jus pelo simples fato de estarem vivos, independentemente do local de nascimento, da cor, das crenças, das opções políticas. Uma carta de princípios educacionais não poderia ir além de tal nível de abrangência.

No que se refere à educação em geral, uma tal carta, certamente deveria estabelecer-se *uma distribuição mais justa de encargos entre a União, os Estados e os Municípios, tendo em vista a Constituição em vigor. Em particular, no caso da União, não parece fazer qualquer sentido, em uma Federação, sua responsabilidade quase que exclusiva, em determinadas regiões, pelo ensino superior. Tal responsabilidade, bem como* a da oferta de ensino técnico, deveria ser inteiramente delegada aos estados, como já é quase o caso de São Paulo. Similarmente, aos Municípios deveria caber a responsabilidade pelo ensino fundamental.

Alguns outros princípios gerais poderiam ser os seguintes:

** A escola deve ser a unidade na interação dos órgãos públicos com a rede, e não os professores ou os alunos. O projeto a ser elaborado e concretizado é o projeto da escola, com ampla participação da comunidade, sobretudo dos pais e dos professores, cabendo, naturalmente, aos professores a responsabilidade pela parte pedagógica. As empresas deveriam ser chamadas a colaborar com as escolas, através de um processo de adoção que já funciona em pequena escala em algumas regiões do Estado de São Paulo. Os professores devem trabalhar preferencialmente em uma só escola, devem engajar-se em sua tarefa de projetar e construir. O aperfeiçoamento de professores deve ter em vista as escolas como unidade: professores das escolas A, B, C, D, com seus projetos (das escolas), com suas respostas às aspirações e necessidades da comunidade. Ainda a título de exemplificação e reforço: os livros didáticos distribuídos pelo poder público nunca deveriam visar diretamente aos alunos, mas sim à escola, à sua biblioteca e aos alunos através da escola.*

** A valorização da função docente é tarefa urgente, imprescindível, fundamental e nenhuma aquisição de equipamentos sofisticados como computadores ou antenas parabólicas pode ser considerado mais importante do que ela. Tal valorização não se esgota na questão salarial, mas é necessário que se inicie por aí. Não parece haver qualquer justificativa para o fato de um estado como São Paulo, cuja renda per capita é mais que o dobro da renda per capita brasileira, remunere seus professores em níveis que se situam abaixo dos correspondentes em diversos estados brasileiros. Não basta melhorar substancialmente a remuneração do professor, con-*

forme já se afirmou, mas insistimos em que sua valorização precisa começar por aí.

** É preciso pensar o sistema educacional como um todo, em seus diversos níveis. Na Espanha, por exemplo, a partir de 1985, a remuneração de um professor do ensino superior não é mais do que o dobro da correspondente de um professor do ensino fundamental. Entre nós, algumas medidas de baixo impacto no que se refere ao custo financeiro, mas de grande valor simbólico, poderiam ser adotadas para sinalizar neste sentido. Um professor do ensino fundamental público que fizesse um mestrado ou doutorado, por exemplo, deveria retornar a sua sala de aula com o salário de Mestre ou Doutor das Universidades do estado correspondente. Similarmente, um professor da universidade deveria poder optar por trabalhar durante algum tempo no ensino fundamental mantendo sua remuneração do ensino superior.*

** A escola é um local privilegiado para a semeadura dos valores fundamentais que garantem a tessitura e a articulação da sociedade como um todo. É fundamental restabelecer a dignidade da função docente bem como de todas as ações praticadas no interior da escola. A transformação e o deslocamento das expectativas de sucesso através do simples jogo, ou de levar-se vantagem sobre alguém, para o valor do esforço pessoal, da semeadura, do trabalho, constitui uma tarefa ingente em cuja realização os professores têm muito a contribuir. Valores morais, espirituais, intelectuais, estéticos, religiosos, entre outros, não se podem estabelecer por decreto, ou por meio da força. A convivência, o exemplo diário têm um efeito multiplicador impressionante, muitas vezes subestimado.*

No que tange à educação escolar, quaisquer ações que sejam intentadas não lograrão mínimo sucesso sem o pleno re-

conhecimento da importância do papel a ser desempenhado pelo professor, sem uma sinalização clara no sentido da valorização da função docente. Tal valorização não se esgota no estabelecimento de uma remuneração mais digna, mas necessariamente por aí se inicia. A intenção tantas vezes afirmada de melhorar a remuneração apenas dos mais competentes ignora o fato indiscutível de que professores competentes foram paulatinamente retirando-se da sala de aula, em processo contínuo que já dura muitos anos. Eles devem ser atraídos de volta e o processo de atração também não é instantâneo. O Estado, que "financiou" negativamente sua retirada, deve financiar efetivamente seu retorno.

No que se refere especificamente ao ensino médio e à área de ciência e tecnologia, seria importante sublinhar princípios como os seguintes:

** A ciência e a tecnologia devem estar a serviço do desenvolvimento do ser humano, não podendo a educação ser reduzida a mero fator de desenvolvimento econômico. Todas as disciplinas devem estar a serviço dos projetos de vida dos alunos envolvidos, justificando-se em termos curriculares em razão de tal serviço.*

** A presença crescente das tecnologias informacionais no mundo do trabalho, ao mesmo tempo em que transformou o conhecimento no principal fator de produção, tem produzido alterações paradigmáticas na forma de organização do mundo do trabalho, onde a idéia de rede como imagem para a representação do conhecimento contrapõe-se progressivamente ao encadeamento cartesiano, que permanece hegemônico no universo da escolarização.*

** O trabalho com projetos constitui uma forma paradigmática para a interação entre as diversas disciplinas, produzindo resultados interessantes na medida em que seus objetivos são escolhidos com discernimento, levando-se em con-*

consideração a articulação entre interesses individuais e coletivos.

* *O objetivo da educação em todos os níveis é a construção da plena cidadania, entendida justamente como a elaboração de instrumentos de articulação entre projetos individuais e coletivos. A especificidade do ensino médio está associada à natureza dos instrumentos que podem estar disponíveis nessa faixa etária.*

* ...

Naturalmente, tal lista de princípios não tem a abrangência de que se necessitaria, visando apenas a exemplificação do que poderia constituir o conteúdo de uma carta de princípios como a anteriormente referida. Uma carta que nunca deveria ser confundida com uma lei ordinária, que nunca deveria atentar para pormenores tão miúdos quanto aqueles em que se detém a maoir parte da legislação educacional, inclusive a LDB em tramitação no Congresso. Elencar tais princípios nunca poderia ser tarefa de indivíduos isolados, mas o resultado de um necessário trabalho coletivo. Todas estas considerações não constituem mais do que um passo inicial em busca de um tal trabalho.

8

O jornal e a escola

Introdução

Uma idéia simples, fecunda, de grande potencial, pode jazer adormecida por muito tempo. O interesse que desperta pode ser minado ou amortecido por tentativas de operacionalização inconsistentes ou inadequadas. Tal parece ser o caso da utilização de jornais como recurso pedagógico. Trata-se de um tema em que, a despeito das freqüentes reações de entusiasmo, além de algumas implementações tópicas, poucos são os resultados concretos das ações levadas a efeito para desenvolvê-lo de forma mais abrangente. Nem de longe, no entanto, é um tema recente.

Na Espanha, em 1920, quando a Real Ordem obrigou a leitura de "Don Quijote" em todas as escolas primárias, houve quem erguesse a voz contrariamente, afirmando que as crianças não necessitam da leitura de Cervantes ou de Shakespeare mas de jornais diários. Estes, sim, seriam instrumentos adequados a uma pedagogia prática, de preparação para a vida. Houve também quem defendesse a idéia de que tal preparação, sem dúvida, é necessária mas o jornal pouco contribuiria para ela. Segundo tais pontos de vista, o jornal não é expressão da vida em suas raízes mais profundas, mas apenas de seus aspectos mais superficiais. Eis aí um pequeno exemplário de mal entendidos que podem vitimar uma idéia promissora.

O jornal e o texto literário

De fato, o recurso aos jornais para as atividades escolares não pode constituir-se em alternativa para a utilização do texto literário. A afirmação de que o jornal limita-se à superfície da vida é insatisfatória, uma vez que as emoções e os sentimentos mais profundos podem estar-se revelando justamente nas explosões superficiais que impregnam as páginas jornalísticas. Por outro lado, dependendo da intenção do olhar, muitos textos literários podem apresentar a leveza, a visibilidade, a atualidade de um verdadeiro texto jornalístico. Não parece mero acaso o fato de existirem cada vez mais jornalistas construindo obras literárias e literatos escrevendo regularmente em jornais. Tanto a linguagem jornalística quanto a literária apresentam características desejáveis de assimilação durante a aprendizagem da linguagem corrente. Apresentá-las como alternativas exclusivas seria tão impróprio quanto sugerir-se a escolha entre um machado e um bisturi.

A utilidade prática

A fundamentação do recurso aos jornais em razões de "utilidade prática" ou de "preparação para a vida" também não parece simples. Tais expressões apresentam um significado complexo, muitas vezes apreendido de modo ingênuo ou caricato. Dedicar-se, por exemplo, exaustivamente, a uma multiplicidade de cálculos envolvendo temas de matemática financeira, a muitos pode significar uma atividade prática de preparação para a vida. No entanto, educacionalmente, em sentido mais amplo, não passa, de um insignificante exercício de técnicas insípidas, de automatismos desprovidos de um valor maior. Por outro lado, a leitura de um poema pode nada significar em termos práticos, nem mesmo uma preparação para namorar-se melhor. Em contrapartida, do ponto de vista da educação da sensibilidade, da percepção de imagens, da valorização da criatividade, do raciocínio analógico, pode ser um exercício verdadeiramente fundamental. De uma maneira geral, "educar para a vida" é um *slogan* tão abrangente, tão vago, que o mero acordo com ele não parece suficiente para fundamentar qualquer prática pedagógica.

O jornal e o texto didático

Um outro desvio freqüente na justificativa do recurso aos jornais na escola consiste na contraposição dos mesmos aos livros didáticos convencionais. De um lado, estariam a riqueza, a atualidade, o interesse; do outro, a aridez, o enrijecimento, os estereótipos. A comparação entre o jornal e o livro didático, no entanto, carece de qualquer sentido. De fato, a linguagem do livro tem características distintas das correspondentes da linguagem do jornal, como também das apresentadas pela linguagem do professor, ao utilizar o quadro-negro. Esta última é que os alunos transcrevem nos cadernos, está muito mais próxima da linguagem dos jornais.

As diferenças entre as linguagens do livro didático e dos textos jornalísticos devem-se fundamentalmente ao fato de que as funções desempenhadas pelos dois veículos são significativamente distintas. Há uma lógica da investigação, que conduz o raciocínio na construção do conhecimento, na pesquisa científica ou na sala de aula, e há uma lógica da exposição do conhecimento já sistematizado. Os livros didáticos caracterizam-se sobretudo pela organização segundo a lógica da exposição do conhecimento organizado. Os exemplos de aparência construtiva restringem-se, quase sempre, às introduções dos capítulos, ou aos exercícios de aplicação. Globalmente, o conhecimento é apresentado nos textos didáticos como uma estante onde os livros estão bem arrumadinhos. Esta característica torna os livros didáticos ao mesmo tempo fundamentais para o desenvolvimento de uma disciplina, tal como uma maquete pode sê-lo para a construção de uma casa, mas insuficiente para o desenvolvimento de um curso. Na sala de aula, o exercício de situações onde o conhecimento apresenta-se em construção, onde o valor maior encontra-se no processo de elaboração, na própria caminhada, não apenas no objetivo imediato a ser atingido, o texto didático necessita do apoio de outro, onde os andaimes sejam mais visíveis. Nestes, a impressão de falta de acabamento é largamente compensada pela eliminação da sensação de impotência tão freqüente diante da simples apreciação da obra já concluída.

Um exemplo marcante de como a utilização de textos jornalísticos em colaboração com os textos didáticos pode ser fecunda é a formulação de problemas, sejam quais forem os temas envolvidos, a partir de notícias ou recortes de jornais. De fato, nos livros didáticos, existem certos estereótipos na formulação de problemas que podem obscurecer determinados aspectos do processo da resolução, e que em geral não são encontrados nos recortes dos jornais. Na formulação de um problema, freqüentemente, a etapa inicial, onde ocorre a construção do problema, a problematização, é um dos momentos mais ricos. Nos livros, poucas vezes esta etapa encontra o destaque que merece. Além de os problemas já surgirem completamente formulados, o estereótipo "dados/pedidos" é francamente hegemônico. São fornecidos todos os dados necessários e suficientes para a determinação dos pedidos: basta encontrar quais as operações a serem realizadas sobre os eles para obter-se as respostas desejadas. O desenvolvimento da competência em discernir a informação relevante para os fins que são perseguidos da que não o é resulta, pois parcialmente prejudicado. Tal habilidade pode ser naturalmente praticada a partir de questões ou problemas envolvendo recortes de jornais. Neles, raramente encontrar-se-á apenas aquilo de que se necessita; as metas e os interesses do leitor encarregam-se de fazer a seleção.

Jornal na escola: razões

Resumindo o que até aqui se afirmou, precavendo-se contra as simplificações já citadas, não há como negar um germe de fundamento nas três razões anteriormente citadas para a utilização dos jornais como recurso pedagógico: alternativa para o texto literário, fonte de aplicações práticas, enriquecimento do livro didático. Existem, no entanto, razões mais significativas do ponto de vista educacional para a presença do jornal nas salas de aula das escolas regulares, desde as séries iniciais do primeiro grau. Tais razões podem justificar o crescente interesse pelo tema, aqui e em outros países. Por serem mais nucleares, podem tornar, inclusive, as razões anteriomente citadas meros subprodutos.

Em primeiro lugar, um jornal é um veículo de informações e a informação é uma matéria prima fundamental na escola. Naturalmente, na mesma medida em que a escola não é um supermercado de informações, um jornal não é um banco de dados. O texto jornalístico articula informações, estabelecendo relações e construindo o significado da mensagem que veicula. O fluxo de informações que circula continuamente pelo jornal e que constitui seu alimento é organizado em unidades de significado. Notícias, seções, reportagens, editoriais, cadernos de esportes, de economia, de classificados, cada elemento desta arquitetura informacional organiza-se em busca do modo mais adequado para uma comunicação eficiente. Para isso, utiliza-se de uma linguagem própria, com características especiais, que a transformam na razão mais forte para fundamentar a importância da presença do texto jornalístico na sala de aula. Trata-se de uma linguagem concisa, mista, integrando harmoniosamente símbolos alfabéticos e numéricos, simbioticamente textos e ilustrações, buscando a convergência das atenções, a expressão mais direta possível.

Analogamente, o cerne das atividades na escola também se encontra na construção de significações, embora as funções e os modos de operação sejam bastante distintos daqueles que vigem nos jornais. Na escola, há uma estabilidade muito grande nos significados construídos e veiculados, que se traduz em certa rigidez na articulação das informações, bem como na fixação de certos estereótipos conceituais ou de comportamento. As estruturas escolares modificam-se muito lentamente, enquanto que a realidade extra-escolar parece transformar-se cada vez mais rapidamente, o que facilmente conduz a uma impressão de distanciamento crescente entre a escola e a vida. Tal distanciamento encontra-se na raiz de costumeiras afirmações do tipo "os alunos chegam à escola cada vez mais fracos". Lamentações deste tipo têm uma longa história, o que, paradoxalmente, sugere que prestemos atenção nelas mas não a levemos tão a sério, pelo menos em sentido literal. No texto da Reforma do Ensino promovida por Benjamin Constant, em 1890, já existem afirmações como essas. Quase sempre, não constituem mais do que a expressão do já referido distanciamento escola/vida: avaliando o aluno que recebe segundo sua ótica, desconsiderando a maior parte das informações de que ele já dispõe, a escola rotula-o como cada vez mais despreparado. O jornal, pela sua agilidade, pela permanente sintonia com a realidade imediata, pelas características da linguagem que utiliza, pode constituir-se em um instrumento fundamental para uma maior sintonia entre a escola e a realidade. Em conseqüência, deverá contribuir significativamente para mitigar a impressão, em grande medida falsa, de que a cada ano que passa, a situação torna-se mais e mais dramática.

Uma segunda razão especialmente importante para fundamentar a presença do jornal nas salas de aula é a natureza transdisciplinar da matéria jornalística. Ao representar a realidade, o jornal fá-lo de uma maneira abrangente, sem recortá-la em segmentos com fronteiras bem nítidas, como a escola o faz, através das disciplinas. A observação atenta da primeira página de um jornal revela com clareza como estão impregnadas mutuamente, por exemplo, a língua e a matemática. Tais sistemas de representação da realidade interagem tão harmoniosamente, tendo em vista a comunicação e a expressão, que não parece possível distinguir um do outro com um mínimo de nitidez. Também no caso das Ciências, da História, da Geografia, os textos jornalísticos compõem o significado que visam comunicar sem clamar por qualquer necessidade de fragmentação. Já na escola, os fatos articulam-se de forma significativamente diferente.

A organização do trabalho escolar, desde as séries iniciais, baseia-se em disciplinas. Estas, por sua vez, estruturam-se de modo relativamente independente, sobretudo após as quatro primeiras séries, e passam a constituir verdadeiros canais de comunicação entre a escola e a realidade. Há 30 ou 40 anos, era muito mais simples o enquadramento do que ocorre fora da escola no âmbito de cada uma das disciplinas. Hoje, elas multiplicaram-se, subdividiram muitas vezes os seus objetos, conduzindo a uma aparência de fragmentação tão grande no conhecimento sistematizado que tal enquadramento parece cada vez mais difícil. Em conseqüência, a bandeira da interdisciplinaridade passou a representar a busca de uma visão sintética, da possibilidade de uma leitura crítica, de compreensão mais global dos fatos. Neste sentido, pode-se perceber com mais clareza a importância do jornal como recurso pedagógico. Na mesma medida em que ele organiza os fatos de interesse geral, de significado abrangente, ultrapassando temas ou interesses demasiadamente restritos, ele pode contribuir decisivamente para a viabilização de um trabalho escolar de natureza interdisciplinar.

O jornal e a escola: diferenças

Naturalmente, não se pode pretender que a escola passe a se estruturar assimilando as características de um jornal, como a agilidade na representação dos fatos e na construção de significados ou a ultrapassagem dos limites estritos das disciplinas. É importante lembrar que esta mesma agilidade muitas vezes está associada à falta de aprofundamento nas questões tratadas. A eliminação das fronteiras disciplinares sem um fio condutor mais abrangente conduz com freqüência a uma desorganização nas ações que pode ser perturbadora ou paralisante. A possibilidade de aprofundamento e a maior estabilidade nos significados construídos na escola não podem ser vistos como um mal a ser combatido. São, isto sim, características básicas do modo de atuar da escola.

Simetricamente, ao aproximar-se da escola, não se pode pretender que o jornal modifique suas características básicas, passando a recortar os fatos segundo as fronteiras disciplinares ou correspondentes a conteúdos programáticos organizados em seriações mais ou menos rígidas. O sentido da utilização do jornal como material didático decorre justamente da exploração de suas características mais marcantes. Um jornal nunca poderá desempenhar a função de um livro didático. O tratamento dado à informação pela escola nunca poderá identificar-se com o de um veículo com a agilidade de um jornal.

Conclusão

Não obstante esses fatos, a relação de colaboração que pode ser estabelecida entre o jornal e a escola, instrumentos privilegiados de construção de significados, parece ser de grande proveito para ambos. De um lado, o jornal, buscando incrementar o número de leitores, lançando sementes em um terreno fértil e qualitativamente sedutor; do outro, a escola, que sem renunciar a suas funções básicas, necessita de uma maior sintonia com a realidade imediata, de uma oxigenação em um de seus organismos mais vitais, a linguagem.

Já há alguns anos, pode-se perceber na maior parte dos grandes jornais uma intenção didática explícita: mapas, gráficos de diferentes tipos, ilustrações sugestivas, quadros comparativos, etc, tornaram-se, pouco a pouco, recursos empregados rotineiramente para favorecer a interação entre o leitor e o texto. A motivação subjacente, insistimos, é de natureza didática e a proximidade com o teor e a natureza dos trabalhos escolares é crescente. Da parte dos jornais, a perspectiva de colaboração parece, portanto, cada vez promissora. À escola, é pegar ou pegar.

9

Escola pública: dois aparentes consensos

Introdução

Entre as diversas carências associadas ao sistema educacional brasileiro, seguramente **não** se encontram a de boas intenções dos atores envolvidos, a de diagnósticos abrangentes ou mesmo a de propostas de variados tipos de soluções para os graves problemas que se apresentam. Impressiona vivamente, no entanto, o fato de que, mesmo os discursos aparentemente mais consensuais ou consistentes, munidos das propostas mais promissoras, poucas vezes conseguem viabilizar-se como efetivas ações transformadoras.

Já há algum tempo, dois princípios encontram-se presentes nos mais variados autores, caracterizando-se como fundamentais para a formulação de políticas públicas na área da educação básica - o da **autonomia da unidade escolar** e o da **valorização do professor**. A impressão forte é a de que todas as autoridades educacionais estariam de acordo a respeito de tais questões, nos governos atuais, passados ou futuros. Todos parecem concordar com o fato de que uma providência necessária para o equacionamento da do problema da qualidade da Educação seria a garantia da autonomia da escola e a melhoria do salário dos professores. O próprio PLANO DECENAL DE EDUCAÇÃO PARA TODOS (1993-2003), lançado há alguns anos com grande estardalhaço, que representaria os elementos hegemônicos do pensamento educacional brasileiro, apresenta como *"direção prioritária da política nacional"* o fortalecimento da gestão da unidade escolar e a ampliação de sua autonomia.

A autonomia das escolas: consenso?

A aparência de consenso, no entanto, não deve iludir a ninguém. Ao analisar-se os diferentes discursos, é possível constatar, por exemplo, que a questão da autonomia está sendo considerada quase exclusivamente sob o prisma financeiro: o dinheiro deve chegar diretamente à escola, "sem desperdícios ou desvios", como se costuma destacar. Mas a autonomia da escola não pode se restringir a esse ponto. Outros aspectos da questão precisam ser considerados.

A autonomia da escola significa, precipuamente, que a unidade escolar - e não os professores ou os alunos - deve ser considerada o elemento básico na interação dos órgãos públicos com a rede. Não apenas na questão das distribuição das verbas tal centralidade da unidade escolar é fundamental, mas também em inúmeros outros programas, como o de aperfeiçoamento de docentes, o da merenda escolar ou o de livros didáticos, e sobretudo na construção de um projeto educacional próprio.

Em passado recente, um número muito grande de cursos de aperfeiçoamento foi oferecido aos professores da rede estadual paulista. Mesmo sendo apreciados pela maior parte dos professores, conduziram a resultados pouco expressivos, sendo esta uma razão determinante de certo esvaziamento de tais iniciativas no âmbito das universidades. Ao que tudo indica, por atenderem individualmente os professores, sem a mediação das necessidades e dos projetos das unidades escolares, tais cursos não conseguiram modificar substantivamente a prática docente: o professor beneficiário sentia-se, quase sempre, uma andorinha isolada.

Também no caso dos livros didáticos distribuídos pelo poder público, estes nunca deveriam visar diretamente os alunos, mas sim à unidade escolar, aos alunos através da escola, às estantes da sala de aula ou da biblioteca escolar. A distibuição de quantidades tão expressivas quanto a dos últimos seis ou sete anos teria sido mais do que suficiente para equipar todas as escolas, se houvesse sido processada de um modo menos perdulário. Da forma como se realiza, a distribuição atende primordialmente aos interesses das editoras. Quanto à qualidade dos livros, grande parte das críticas que vêm a lume perderia o sentido se fosse atacado o cerne do problema, que é a forma de utilização do livro. Existem livros de boa qualidade que definham enquanto outros bem menos interessantes proliferam, em razão sobretudo de serem mais adequados a uma forma de utilização inconsistente.

É importante destacar, no entanto, o fato de que a dimensão fundamental da autonomia da escola relaciona-se com a construção de seu projeto educacional. É a unidade escolar, organicamente vinculada à comunidade a que serve e com a participação dos professores que a constituem, que deve ter um projeto a realizar; incluindo a capacitação permanente de seus professores. Naturalmente, em um processo contínuo de envolvimento dos pais, de entidades representativas da comunidade e, possivelmente, de empresas situadas em sua área de atuação, cada escola deve construir sua identidade, elaborar seus programas, tendo em vista valores educacionais maiores, bem como o interesse coletivo. A participação mais efetiva das secretarias de educação deveria consistir em um agenciamento de instrumental e competências técnicas para atender as necessidades das escolas. Nesta tarefa, seu parceiro mais solidário deveria ser a universidade pública. Seria bem-vinda uma reforma administrativa que simplificasse o organogama das Secretarias, diminuindo significativamente os órgãos técnicos intermediários e aumentando na mesma medida a participação das universidades públicas no atendimento às necessidades das escolas.

Na busca de modelos alternativos de gestão das escolas públicas, uma vertente que em tempos recentes tem despertado a atenção, aqui e em outros países, é a da colaboração entre as escolas e as empresas. A "adoção" de uma escola por determinada empresa tem conduzido a algumas experiências interessantes, numericamente ainda pouco expressivas, carecendo de uma avaliação mais consistente. Em alguns casos, as atenções têm-se concentrado nos problemas materiais da escola, ou na manutenção da parte física. É fundamental, no entanto, que a eventual colaboração escola/empresa tenha como elemento determinante a construção do projeto educacional da escola. Tal projeto, insistimos, depende da ativa participação dos pais, da comunidade, dos professores, remunerados de forma condigna.

Como observação final, relativamente a este ponto, registremos que a principal questão relativa à autonomia das unidades escolares ainda permanece sem qualquer discussão conceitual: ela diz respeito ao aparente descompasso entre a realização de projetos educacionais próprios e a pretensão de estabelecimento de um currículo único, que viabilize uma avaliação quantitativa de caráter nacional. Sem dúvida, as questões da autonomia e da avaliação precisam ser pensadas concomitantemente. Entretanto, uma concepção de avaliação que minimize sua relação endógena com o planejamento correspondente, que deve enraizar-se, por sua vez, no projeto educacional da unidade escolar, não poderá, em hipótese alguma, cumprir seu papel.

A valorização do professor: do consenso à ação

A valorização da função docente é uma tarefa urgente, imprescindível, fundamental. Também aqui, todos parecem estar de acordo. A despeito de algumas pseudo-pesquisas, precariamente interpretadas, tentarem, de vez em quando, "provar" o contrário, a melhoria da qualidade do ensino está, indiscutivelmente, relacionada com as condições de trabalho do professor, o que, obviamente, inclui o salário. Também o o Plano Decenal de Educação para Todos (1993-2003), lançado pelo governo anterior, registra entre suas metas globais "aumentar progressivamente a remuneração do magistério público".

Naturalmente, a valorização pretendida não se esgota na questão salarial mas é necessário que por aí se inicie. Parece uma evidente anomalia o fato de um estado como São Paulo, cuja renda *per capita* é mais do que o dobro da brasileira, remunerar seus professores em níveis que se situam abaixo de boa parte dos outros estados.

Reconhecidamente, a questão salarial é bastante complexa e não pode ser considerada desvinculadamente, por exemplo, das precárias condições de trabalho do professor, inclusive de sua formação nem sempre adequada. Entretanto, uma pretensão equivocada é a de somente melhorar a remuneração dos professores após uma capacitação mais adequada dos mesmos, assim como é equivocada a consideração de maneira independente dos eventos melhoria da qualidade de ensino e melhoria dos níveis salariais. Nesse aspecto, no atual horizonte do mundo do trabalho, a formação continuada, preferencialmente em serviço, é a nova regra a ser assimilada. Já vai longe o tempo em que havia uma nítida distinção entre os períodos de formação para o trabalho e de exercício do mesmo, em todas as atividades humanas.

Ainda no que se refere à suposta necessidade de precedência da melhoria da capacitação em relação à da remuneração, conviria lembrar que há muitos anos vem ocorrendo um processo de exclusão gradativa de profissionais que migram do magistério para outras atividades em que suas competências soem ser mais valorizadas; a reversão de tal processo também há de levar algum tempo e não parece haver outra saída senão o Estado investir com paciência neste sentido.

Quanto à consideração isolada da melhoria da qualidade do ensino e do aumento dos níveis salariais, tal fato se insere em um cenário mais amplo em que ações ordinárias tendo em vista a qualidade do ensino têm sua importância mitigada em razão do favorecimento de ações extraordinárias. Em outras palavras, trabalha-se ordinariamente em más condições e gastam-se recursos extraordinários para consertar os estragos naturalmente produzidos. O quadro de valores parece, então, invertido.

Uma providência interessante, ao que tudo indica ainda não tentada, seria a consideração da carreira docente de maneira unificada, integrada, nos três graus do ensino. A desejável aproximação entre a universidade e o ensino básico, cujos efeitos parecem bastante nítidos quando se pensam os meios para a capacitação docente, poderia ter um impulso bastante eficaz se tivesse uma âncora, um padrão de referência nas questões salariais. Seria interessante, por exemplo, a realização de um estudo sobre o impacto na massa salarial do estabelecimento de certa continuidade entre os últimos níveis salariais do professor III e os níveis iniciais de remuneração nas universidades públicas. No caso da Escola de Aplicação da universidade de São Paulo, uma situação próxima a essa talvez já se configure, ainda que de modo inintencional. Seria extremamente estimulante para o professor do ensino básico a garantia de que, por exemplo, após a realização de um curso de Mestrado em sua área de atuação profissional, em universidades públicas, pudesse retornar à sua sala de aula com o salário correspondente ao de Mestre na universidade. É pouco provável que todos os professores se interessassem por tal recurso ou que muitos conseguissem realizar tal percurso; o custo financeiro de tal medida, portanto, não deve ser alto. Entretanto, em termos de sinalização quanto à valorização da competência técnica, quanto à formação de lideranças que atuem efetivamente no ensino básico, os efeitos certamente seriam muito promissores.

Um argumento poderoso que dificulta as ações visando à melhoria dos níveis salariais é o peso dos inativos nas folhas de pagamento, substancialmente aumentado em razão do grande número de aposentadorias precoces. Aliados a isso, encontram-se os numerosos afastamentos de funções docentes, bem como certos privilégios agregados a uma carreira profissional que, justamente por ser desvalorizada, busca mecanismos compensatórios que terminam, paradoxalmente, por desvalorizá-la ainda mais. Associadas a medidas que conduzam à melhoria na remuneração da atividade docente, deveriam estar, simultaneamente, uma reestruturação da carreira do professor e uma redefinição das tarefas que deveria desempenhar, com um necessário privilegiamento da atividade didática. O número de dias letivos anuais nunca poderia ser inferior a 200, a carga horária diária não deveria ser inferior a 4h, as férias anuais não deveriam ultrapassar os 30 dias, privilégios como aposentadoria especial, com distinções homem/mulher, bem como direitos a faltas abonadas parecem inconseqüentes e teriam que ser revistos.

Para concluir, insistimos no fato de que a autonomia da escola e a valorização do professor constituem dois princípios fundamentais para nortear as políticas públicas na área de educação. Nem de longe, no entanto, podem ser identificados com o mero repasse de verbas diretamente às Escolas ou com a discussão sobre o próximo índice de reajuste salarial a ser concedido.

Referências bibliográficas

- A BUSINESS WEEK GUIDE – Os Caminhos da Qualidade. São Paulo: Makron Books, 1995.
- ABREU Jr. Laerthe – Filosofia da qualidade total: a arte do simulacro dos novos sofistas. In: IMPULSO – Revista de Ciências Sociais da UNIMEP, Volume 7, Número 16, p. 43-52. Piracicaba: Editora da UNIMEP, 1994.
- ACESSO AO TEMA DA CIDADANIA (Vários Autores) – Secretaria da Justiça e da Defesa da Cidadania/Comissão de Justiça e Paz de São Paulo. São Paulo: Imprensa Oficial, 1996.
- ANUÁRIO DE EDUCAÇÃO/1994 – Rio de Janeiro: Tempo Brasileiro, 1994.
- ANUÁRIO ECONÔMICO E GEOPOLÍTICO MUNDIAL – O mundo Hoje 95/96. São Paulo: Editora Ensaio, 1996.
- ASSMANN, Hugo – "Pedagogia da qualidade" em debate. In: IMPULSO – Revista de Ciências Sociais da UNIMEP, Volume 7, Número 16, p. 8-42. Piracicaba: Editora da UNIMEP, 1994.
- ASTRADA, Carlos – Trabalho e Alienação. Rio de Janeiro: Paz e Terra, 1968.
- AURÉLIO, Diogo P. – Tolerância/Intolerância. In: Enc. EINAUDI, V. 22. Porto: Imprensa Nacional/Casa da Moeda, 1996.
- AYTO, John – Dictionary of Word Origins. New York: Arcade Publishing, 1990.
- BACHELARD, Gaston – O Novo Espírito Científico. Rio de Janeiro: Tempo Brasileiro, 1968.
- BALLY, Gustav – El Juego como expresión de libertad. México: Fondo de Cultura Económica, 1958.

- BARBIER, Jean-Marie – Elaboração de Projectos de acção e planificação. Porto Editora, 1993.
- BENSIMON, Estela Mara – Total Quality Management in the Academy: A Rebellious Reading. In: Harvard Educational Review, Volume Sixty-Five, Number Four, Winter 1995, p.593-611.
- BLACKBURN, Robin (Org.) – Depois da Queda (O Fracasso do Comunismo e o Futuro do Socialismo). Rio de Janeiro: Paz e Terra, 1993.
- BLOCK, Fred – Post Industrial Possibilities (A Critique of Economic Discourse). Berkeley: University of California Press, 1990.
- BLOOM, Allan – O Declínio da Cultura Ocidental. São Paulo: Best Seller, 1989.
- BOCHENSKI, J. M. – Que es autoridad? Barcelona: Herder, 1979.
- BURKE, Peter – Veneza&Amsterdã. São Paulo: Editora Brasiliense, 1991.
- CAILLOIS, Roger – Los Juegos y los Hombres. México: Fondo de Cultura Económica, 1986.
- CALVO, F. – Projecto. In: Enciclopédia EINAUDI, V. 25 - Criatividade / Visão. Porto: Casa da Moeda/Imprensa Nacional, 1993.
- CARNOY, M., LEVIN, H. M. – Escola e Trabalho no Estado Capitalista. São Paulo: Cortez Editora, 1993 (2ª Ed.)
- CARTER, J. – Integrity. New York: Basicbooks, 1996.
- CARVALHO, A. D. de – Utopia e Educação. Porto: Porto Editora, 1994.
- CARVALHO, A. D. – Epistemologia das ciências da educação. Porto: Afrontamento, 1988.
- CHOAY, Françoise – A Regra e o Modelo. São Paulo: Perspectiva, 1980.
- CIORAN, E. – História e Utopia. Rio de Janeiro: Rocco, 1994.

- COMTE-SPONVILLE, A. – Pequeno Tratado das Grandes Virtudes. São Paulo: Martins Fontes, 1996.
- CONQUISTANDO A CIDADANIA – Conselho de Cidadania da Região Sudeste. São Paulo: s/d.
- CREPET, Paolo – Le malattie della disoccupazione. Roma: Edizioni Lavoro, 1990.
- DAMON, William – Greater Expectations: Overcoming the culture of indulgence in America's home and schools. New York: The Free Press, 1995.
- DELORS, Jacques et alii – Educação/Relatório para a UNESCO da Comissão Internacional sobre Educação para o século XXI. Rio Tinto/Portugal: Edições ASA/UNESCO, 1996.
- DOMENACH, Jean-Marie – Une morale sans moralisme. Paris: Flammarion, 1992.
- DRUCKER, Peter – As Mudanças na Economia Mundial. In: Revista Política Externa V. 1 N. 3 Dez-Fev. 1992-1993, p. 17-39. São Paulo: Paz e Terra, 1993.
- DRUCKER, Peter – Sociedade Pós-Capitalista. São Paulo: Pioneira, 1993.
- DUMAZEDIER, Joffre – Lazer e Cultura Popular. São Paulo: Perspectiva, 1973.
- EBY, Frederick – História da Educação Moderna. Porto Alegre: Globo, 1976.
- ELIAS, Norbert – A Sociedade dos Indivíduos. Rio de Janeiro: Jorge Zahar, 1994.
- FERRETTI, Celso et alii – Novas Tecnologias, Trabalho e Educação (Um debate multidisciplinar). Rio de Janeiro: Vozes, 1994.
- FONSECA, António Manuel – Personalidade, Projetos Vocacionais e Formação Pessoal e Social. Porto: Porto Editora, 1994.

• FRIEDMANN, G., NAVILLE, P. – Tratado de Sociologia do Trabalho (2 volumes). São Paulo: Cultrix/EDUSP, 1973.

• FRIEDMANN, George – O trabalho em migalhas. São Paulo: Perspectiva, 1983.

• GAMA, Ruy – A Tecnologia e o Trabalho na História. São Paulo: Nobel/EDUSP, 1987.

• GIANNETTI, Eduardo G. – Vícios Privados, Benefícios Públicos? São Paulo: Companhia das Letras, 1993.

• GIANNOTTI, José Arthur – Trabalho e Reflexão. São Paulo: Brasiliense, 1984.

• GINZBURG, Carlo – Mitos, Emblemas, Sinais. São Paulo: Cia. das Letras, 1989.

• GUSDORF, Georges – Para uma pesquisa interdisciplinar. In: Diógenes: Antologia. Brasília: Editora UnB, 1984, v.7.

• HAGENBUCH, Walter – Economia Social (Manuais de Economia de Cambridge). Rio de Janeiro: Zahar Editores, 1961.

• HANDY, Charles – El futuro del trabajo humano. Barcelona: Ariel, 1986.

• HANDY, Charles – The Age of Paradox. Boston, Massachusetts: Harvard Business School Press, 1994.

• HARMAN, Willis, HORMANN, John – O trabalho criativo. São Paulo: Cultrix, 1993.

• HARVEY, David – Condição Pós-Moderna. São Paulo: Loyola, 1993.

• HEILBRONER, Robert – O capitalismo do século XXI. Rio de Janeiro: Jorge Zahar Editor, 1994.

• HELLER, Agnes, FEHÉR, Ferenc – The Postmodern Political Condition. New York: Columbia University Press, 1988.

• HUIZINGA, Johan – Homo Ludens. Madrid: Alianza, 1972.

- IANNI, Octávio – A Sociedade Global. Rio de Janeiro: Civilizaç˜ão Brasileira, 1993.
- ILLICH, Ivan – Sociedade sem escolas. Rio de Janeiro: Vozes, 1988.
- IPSO – A Revolução Tecnológica e os novos paradigmas da sociedade. São Paulo/Belo Horizonte: Oficina de Livros IPSO, 1994.
- KURZ, Robert – O colapso da modernização. Rio de Janeiro: Paz e Terra, 1993.
- LACEY, H., SCHWARTZ, B. – The formation and transformation of values (p.319-338). In: The Philosophy of Psychology. DONOHUE, W. O., KITCHNER, R. F. (Ed.). London: Sage, 1996.
- LANDSHEERE, Gilbert de et alii – A Educação do Futuro e o Futuro da Educação. Porto: Edições ASA, 1996.
- LANZ, Rudolf – Nem Capitalismo nem Socialismo. São Paulo: Editora Antroposófica, 1990.
- LEITE, Márcia de Paula – O Futuro do Trabalho (Novas tecnologias e subjetividade operária). São Paulo: Scritta/FAPESP, 1994.
- LÉVY, Pierre – L'Intelligence Collective. Paris: La Découverte, 1994.
- LOJKINE, Jean – A Revolução Informacional. São Paulo: Cortez, 1995.
- MACHADO, N. J. – Epistemologia e Didática. São Paulo: Cortez Editora, 1995.
- MARÍAS, J. – Breve Tratado de la ilusión. Madrid: Alianza Editorial, 1984.
- MARÍAS, J. – Tratado de lo mejor. Madrid: Alianza, 1994.
- MARÍAS, Julián – A felicidad humana. Madrid: Alianza, 1988.
- MARINA, José Antonio – Teoria da Inteligência Criadora. Lisboa: Caminho da Ciência, 1995.

- MARX, Karl – Constribuição à crítica da economia política. São Paulo: Martins Fontes, 1977.
- MATUCK, Artur – Information and Intellectual Property. In: Leonardo – Journal of the International Society for the Arts, Sciences and Technology. V.26, N.5, p.405-413, Nova York, 1993.
- MAUSS, Marcel – Ensaio sobre a dádiva. Lisboa: Edições 70, 1988.
- MAUSS, Marcel – Ensaios de Sociologia. São Paulo: Perspectiva, 1978.
- MAUSS, Marcel – Sociologia e Antropologia. São Paulo: EPU/EDUSP, 1974.
- MIEGGE, Mario – Vocation et Travail. Essai sur l'éthique puritaine. Genève: Éditions Labor et Fides, 1989.
- MILIBAND, Ralph – Divided Societies. New York: Oxford University Press, 1991.
- MINSKY, Marvin – A Sociedade da Mente. Rio de Janeiro: Francisco Alves, 1985.
- MOLES, Abraham – Sociodinâmica da Cultura. São Paulo: Perspectiva/EDUSP, 1974.
- MOSCA, Juan José, AGUIRRE, Luis Pérez – Direitos Humanos (Pautas para uma educação libertadora). Petrópolis: Vozes, 1990.
- NAISBITT, John – Paradoxo global. Rio de Janeiro: Editora Campus, 1993.
- OFFE, Claus – Capitalismo desorganizado (Transformações contemporâneas do Trabalho e da Política). São Paulo: Brasiliense, 1989.
- PILETTI, Nelson – Estrutura e Funcionamento do Ensino de 2º Grau. São Paulo: Ática, 1993.
- POSTMAN, Neil – Tecnopólio – A rendição da cultura à tecnologia.

São Paulo: Nobel, 1994.

- RELATÓRIO NACIONAL BRASILEIRO – Cúpula Mundial para o Desenvolvimento Social. Copenhague, 1995. Brasília: Ministério das Relações Exteriores, fev./1995.
- RICOEUR, P. – Tolerância, Intolerância, Intolerável. In: Ricoeur, P., Em torno ao político. São Paulo: Loyola, 1995.
- RICOEUR, Paul – Interpretação e Ideologias. Rio de Janeiro: Francisco Alves, 1977.
- ROSA, Maria Inês – Trabalho, Subjetividade e Poder. São Paulo: Letras & Letras/EDUSP, 1994.
- ROSAS, Paulo – Vocação e Profissão. Rio de Janeiro: Vozes, 1977.
- SANTOS, Boaventura de Souza – Pela mão de Alice (O social e o político na pós-modernidade). São Paulo: Cortez, 1995.
- SCHAFF, Adam – A Sociedade Informática. São Paulo: UNESP/ Brasiliense, 1992
- SCHUMACHER, E. F. – O negócio é ser pequeno. Rio de Janeiro: Zahar, 1977.
- SCHUMACHER, E. F. – Um Guia para os Perplexos. Lisboa: Dom Quixote, 1987.
- SCHWARTZ, Gilson – A tese que é uma hipótese. In: LUA NOVA, Revista de Cultura Política, N. 32, p. 93-99, São Paulo: 1991.
- SCHWARTZMAN, Simon – Educação Básica no Brasil: a agenda da modernidade. In ESTUDOS AVANÇADOS, 5(13), p. 49-60. São Paulo: IEAUSP, 1991.
- SEADE – Pesquisa de Emprego e Desemprego. Boletim 113, Jan-abr 1994. São Paulo: SPG-Convênio SEADE/DIEESE, 1994.
- SENGE, Peter M. – A Quinta Disciplina (Arte, Teoria e Prática da Organização de Aprendizagem). São Paulo: Editora Best Seller, s/d (1990).

- SERRES, Michel – A Comunicação. Porto: Rés, s/d.
- SERVAN-SCHREIBER, Jean-Jacques – O Desafio Americano. Rio de Janeiro: Editora Expressão e Cultura, 1967.
- SILVA, Geraldo Bastos – A Educação Secundária. São Paulo: Editora Nacional, 1969.
- SILVERMAN, Bertam et alii (Editors) – Labor and Democracy in the Transition to a Market System (A US-Post Soviet Dialogue). New York: M. E. Sharpe Inc., 1992.
- SIMON, Herbert – As ciências do artificial. Coimbra: Arménio Amado, 1981.
- SULLIVAN, William M. – Work and Integrity. New York: HarperBusiness, 1995.
- TAYLOR, C. – Multiculturalismo y la política del "reconocimiento". México: Fondo de Cultura Económico, 1995.
- THE UNIVERSAL DECLARATION OF HUMAN RIGHTS-UNESCO, 1994.
- THOM, René – Qualidade/Quantidade. In: Enciclopédia EINAUDI, Vol. 10, Dialéctica, p.226-242. Porto: Imprensa Nacional/Casa da Moeda, 1988.
- TOCQUEVILLE, Alexis de – A Democracia na América. São Paulo: EDUSP/Itatiaia, 1977.
- TOFFLER, Alvin – Aprendendo para o Futuro. São Paulo: Artenova, 1977.
- TOFFLER, Alvin – Powershift. New York: Bantam Books, 1990.
- TOYNBEE, Arnold – A Humanidade e a Mãe-Terra. Rio de Janeiro: Zahar, 1978.
- VAN PARIJS, Philippe – Capitalismo de Renda Básica. In: LUA NOVA, Revista de Cultura Política, N. 32, p. 93-99, São Paulo: 1991.

• WATTS, A. G. Education, Unemployment and the Future of Work. Great Britain: Open University Press, 1983.

• WIEVIORKA, M. et alii – Une Société Fragmentée? Le multiculturalisme en débat. Paris: La Découverte, 1996.

• WOLFF, Robert P. – Além da Tolerância. In: Wolff, R. P. et alii, Crítica da Tolerância Pura. Rio de Janeiro: Zahar, 1970.

Dados do autor

Nílson José Machado nasceu em Olinda/PE, em 1947, e vive em São Paulo desde 1964. É licenciado em Matemática e doutor em Filosofia da Educação pela Universidade de São Paulo, onde é professor desde 1972, inicialmente no Instituto de Matemática e Estatística. Desde 1984 leciona na Faculdade de Educação, sendo, atualmente, professor titular. No biênio 1993-1994, foi professor-visitante do Instituto de Estudos Avançados da USP, no Programa Educação para a Cidadania. Entre 1996 e 2001, fez parte do Conselho de Coordenação da Cátedra UNESCO-USP de Educação para a Paz, os Direitos Humanos e a Tolerância. Publicou diversos livros didáticos e paradidáticos para os três níveis de ensino, além de outros, associados a seu trabalho acadêmico, mencionados a seguir:

Matemática e Realidade - *Análise dos pressupostos filosóficos que fundamentam o ensino de Matemática.* (São Paulo, Cortez Editora, 1ª ed. 1987, 5ª ed. 2000)

Matemática e Língua Materna - *Análise de uma impregnação mútua.* (São Paulo, Cortez Editora, 1ª ed. 1990, 4ª ed. 1999)

Matemática e Educação - *Alegorias, tecnologias e temas afins.* (São Paulo, Cortez Editora, 1ª ed. 1992, 2ª ed. 1995)

Epistemologia e Didática - *As concepções de conhecimento e inteligência e a prática docente.* (São Paulo, Cortez Editora, 1ª ed. 1995, 4ª ed. 2000)

Na coleção ENSAIOS TRANSVERSAIS, da Escrituras Editora, publicou os volumes:

1. **Cidadania e Educação** (1ª ed. 1997, 3ª ed. 2001)
5. **Educação: Projetos e valores** (1ª ed. 2000, 2ª ed. 2000)

Publicou ainda, pela Escrituras Editora, o livro de poemas **Plantares** (1997).

Coleção Ensaios Transversais

Títulos Publicados

1 **Cidadania e Educação**
Nílson José Machado

2 **Cérebros e Computadores**
A complementaridade analógico-digital na informática e na educação
Robinson Moreira Tenório

3 **Matemática e Música**
O pensamento analógico na construção de significados
Oscar João Abdounur

4 **Jung e a Educação**
Uma análise da relação professor/aluno
Cláudio Saiani

5 **Educação: Projetos e valores**
Nilson José Machado

6 **Caderno de Fogo**
Ensaios sobre Poesia e Ficção
Carlos Nejar

7 **Feminino + Masculino**
Uma nova coreografia para a eterna dança das polaridades
Monica von Koss

8 **Borges**
O mesmo e o outro
Álvaro Alves de Faria

9 Família e Doença Mental
Repensando a relação entre profissionais de saúde e familiares
Jonas Melman

10 Meios Eletrônicos e Educação
Uma visão alternativa
Valdemar W. Setzer

11 Martí e a Psicologia
O poeta e a unidade cognição/afeto
Diego Jorge González Serra

12 Servidão Ambígua
Valores e condição do magistério
Gilson R. de M. Pereira

13 O Começo da Busca
O Surrealismo na poesia da América Latina
Floriano Martins

14 A Sociedade dos Chavões
Presença e função do lugar-comum na comunicação
Claudio Tognolli

15 O Desconcerto do Mundo
do Renascimento ao Surrealismo
Carlos Felipe Moisés

16 Ética e Jornalismo
Uma cartografia dos valores
Mayra Rodrigues Gomes

Próximos lançamentos

17 Da Religiosidade
A literatura e o senso de realidade
Vilém Flusser

Impresso em outubro de 2002, em papel offset 75g/m², nas oficinas da Bartira Gráfica.
Composto em AGaramond, corpo 11pt.

Não encontrando este título nas livrarias, solicite-o diretamente à editora.

Escrituras Editora e Distribuidora de Livros Ltda.
Rua Maestro Callia, 123 – Vila Mariana – 04012-100 – São Paulo, SP
Telefax: (11) 5082-4190 - www.escrituras.com.br
e-mail: escrituras@escrituras.com.br (Administrativo)
e-mail: vendas@escrituras.com.br (Vendas)
e-mail: arte@escrituras.com.br (Arte)